COLLECTION A.-L. GUYOT

NOUVEAU TRAITÉ PRATIQUE DE MAINTIEN

20 CENTIMES

— AUDRAN

PARIS

A.-L. GUYOT, Éditeur

12, Rue Paul Lelong, 12

PAR

J.-M. AUDRAN

1ʳᵉ ÉDITION

Algérie, Colonies et Étranger : **25 centimes**

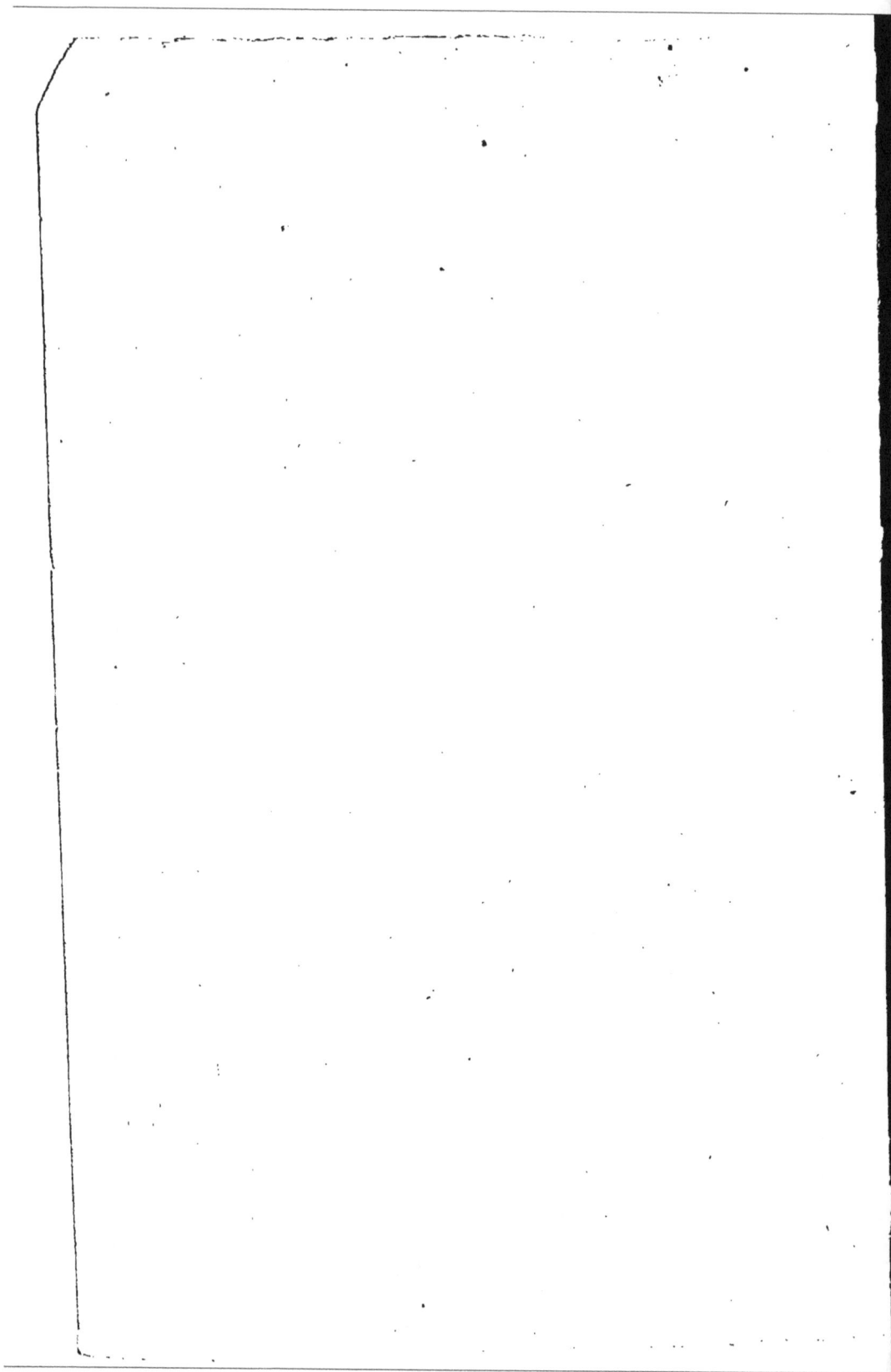

NOUVEAU TRAITÉ PRATIQUE

DE

DANSE ET DE MAINTIEN

DANSES MODERNES ET D'AUTREFOIS

LE COTILLON

150 figures avec ou sans accessoires

PARIS

A.-L. GUYOT, ÉDITEUR

12, rue Paul Lelong

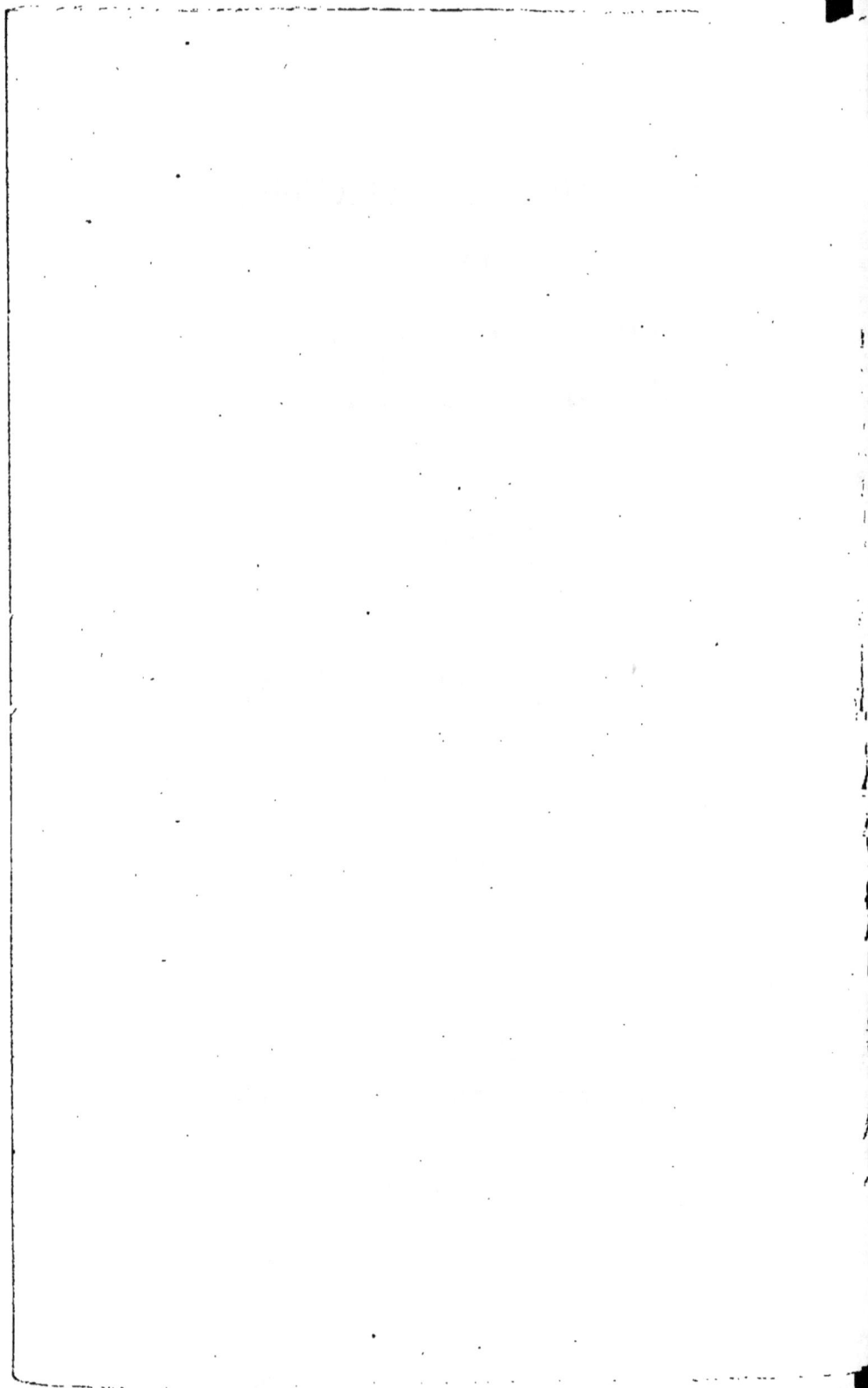

INTRODUCTION

Si après tant d'ouvrages publiés sur la danse, nous nous permettons d'en offrir un nouveau au public, c'est que nous croyons qu'il répond à un besoin. Tous les traités qui existent sur cet art d'agrément sont, pour la plupart, plus théoriques que pratiques. La faute n'en est pas aux méthodes qui émanent certainement de professionnels très capables, mais à la manière dont la leçon est présentée et surtout à l'absence de figures explicatives, là où elles sont obligatoires. Certainement que la polka, la valse, la mazurka, etc., bien démontrées, peuvent être enseignées sans figures, parce que ces danses sont très connues et pratiquées, plus ou moins habilement, par la plupart de nos lecteurs, mais il n'en est pas de même des différents quadrilles et des figures si variées du cotillon. Voulant faire un livre utile et populaire, nous avons accompagné notre texte de dessins explicatifs toutes les fois que nous l'avons cru nécessaire, et c'est là une de nos innovations. Ce n'est pas tout. A notre avis un bon danseur ne doit pas se contenter de posséder la théorie et la pratique des danses à la mode, mais il doit connaître aussi tous les usages qui ont cours dans le monde, et qui feront de lui un parfait cavalier ou une danseuse accomplie.

A cet effet, nous avons composé, pour faire pendant à cet ouvrage, un traité très complet de politesse et de savoir-vivre pour toutes les circonstances de la vie, et où les moindres usages adoptés dans la bonne société sont prévus et expliqués.

Nous nous sommes étendus, tout spécialement, sur les coutumes adoptées dans les bals, les soirées dansantes, sur les usages qui précèdent, accompagnent et suivent le mariage, parce que ces cas spéciaux sont ceux qui intéressent le plus et embarrassent, souvent, grand nombre de personnes.

Notre traité de danse et notre traité de politesse se complètent donc. Ils initieront nos lecteurs et lectrices à ces mille petits détails, puérils en apparence, mais d'une grande importance pratique, car leur connaissance est un brevet de distinction et de sociabilité.

« La politesse ne coûte rien, dit un vieux proverbe, et rapporte beaucoup ». On peut en dire autant de plusieurs pratiques du monde, parmi lesquelles la danse doit figurer au premier rang. Ne pas savoir danser, dans notre siècle, est une lacune, souvent regrettable, qui vous donne, en société, un air de misanthropie fort peu intéressant.

Il faut savoir être de son siècle et de son temps, si l'on veut s'attirer l'estime et la reconnaissance de ses semblables.

H.-M. AUDRAN.

LES DANSES MODERNES

LA POLKA

Ce fut en 1840, sur la scène du théâtre de l'Odéon, que la polka fut dansée pour la première fois, à Paris, par un acteur nommé Raab ; mais elle était déjà connue à l'étranger et pratiquée surtout en Pologne et en Bohême. On ne sait pas où ni par qui elle fut inventée ; mais, dès qu'elle eut été introduite dans les salons, elle y acquit une faveur qui ne s'est jamais démentie depuis.

Pour danser la polka, le cavalier se place presque en face de sa dame, la main droite étendue juste à l'endroit de la taille. Le bras droit sera tenu avec quelque raideur ; tous les mouvements du corps seront exécutés avec aisance et abandon.

Le cavalier prend la main droite de la dame dans sa main gauche et la garde près de sa hanche gauche. La dame laisse reposer son bras gauche sur l'épaule du danseur.

La musique de la polka est à deux-quatre.

Le pas se décompose en quatre mouvements qui s'exécutent chacun en un temps.

1º Le cavalier ayant le pied gauche levé près de la jambe droite, saute légèrement sur le pied droit et glisse aussitôt le pied gauche en avant (1er temps) ;

2º Il ramène ensuite le pied droit derrière le pied gauche (2e temps) ;

3º On reste sur le pied gauche et on élève le pied droit ;

4º On repart du pied droit et l'on exécute des mouvements analogues aux précédents.

On peut commencer la polka sur le pied droit, en tournant à gauche au lieu de tourner à droite.

Si le cavalier commence du pied gauche, la dame commence du pied droit ; si le cavalier commence du pied droit, la dame commence du pied gauche.

La polka offre, dans son exécution, des variétés qui en rompent la monotonie. Un cavalier doit savoir polker dans les deux sens, avancer et reculer. Si le salon de danse est plein et qu'il soit difficile de se mouvoir, il devra faire pivoter sa dame sur place, en rapetissant le pas. La fantaisie du cavalier et les exigences du local sont les seuls guides de ces variations dans l'exécution d'une danse.

La polka, à l'origine, était compliquée de figures. Le cavalier partait en tenant sa dame de la main droite, puis, se tournait vers elle et lui tournait le dos alternativement. On mêlait aussi, au pas ordinaire, le pas dit *bohémien*, ou double polka, que l'on exécutait, la jambe gauche à la deuxième position, le talon à terre et la pointe en l'air. Ces accessoires, dès le principe, tombèrent en désuétude. Les seules figures de polka que l'on exécute maintenant, se placent dans le cotillon final. Nous les étudierons plus loin.

La polka est considérée comme une danse facile, volontiers laissée aux danseurs novices ; elle a cependant ses difficultés, ses nuances, dont seuls les exécutants habiles se rendent compte. Il faut être suffisamment préparé, si l'on ne veut se montrer gauche et ridicule à côté des vrais danseurs, pour polker dans un salon. On fera bien de prendre quelques leçons, avant tout essai dans le monde ou, tout au moins, de la pratiquer un peu à huis clos, dans sa famille ou chez des amis.

LA POLKA-MAZURKA

Avec la polka-mazurka nous passons à une des danses favorites de nos salons ; élégante, aristocratique, cette danse aux allures tranquilles, aux mouvements peu compliqués, permet aux danseurs une conversation, sinon vive et animée, tout au moins discrète et... même tendre si la danseuse l'autorise.

La polka-mazurka est une double polka, dont la musique est à trois-quatre, elle est d'une exécution lente et demande à être dansée avec beaucoup de précision. Introduite par les Polonais dans les salons français, quelque temps après l'apparition de la polka, elle comporta d'abord des figures fantaisistes, qui ont depuis longtemps disparu. Aujourd'hui, la mazurka se danse de trois façons classiques : en mazurka proprement dite, en valse à trois temps ou en valse à deux temps. Dansée en valse, elle est lente et ne différencie de la valse ordinaire que par cette lenteur. Nous n'avons donc pas à nous occuper ici de la mazurka valsée.

Dans la mazurka proprement dite, les pieds

étant dans la position normale du danseur, c'est-à-dire les jambes étendues sans roideur et les pieds en dehors, on avance le pied gauche et l'on ramène le pied droit derrière lui, puis, on fait de nouveau glisser, de quelques centimètres seulement, le pied gauche, et, se tenant sur le pied gauche, on glisse le pied droit sur le côté droit et l'on ramène le pied gauche derrière lui ; on avance ensuite un peu plus le pied droit, ce qui constitue la dernière position. Les mesures suivantes se dansent de la même manière, mais il est d'usage de tourner toutes les troisième et quatrième mesures de chaque groupe de quatre mesures.

On peut partir du pied droit au lieu de partir du pied gauche ; la dame part du pied droit si le cavalier part du pied gauche, du pied gauche s'il part du pied droit.

Il existe bien une autre manière de danser la polka-mazurka, mais cette manière n'est pas acceptée dans les salons, à cause de son allure échevelée. Elle consiste à pivoter sur un pied et à faire exécuter à l'autre pied un cercle autour du premier, en le maintenant sans cesse en équerre. Si le cavalier pivote autour du pied gauche, la dame pivote autour du pied droit, et réciproquement. Cette façon de danser est très usitée dans les bals publics ; elle ne manque pas de grâce lorsque les mouvements sont rapides et réguliers, mais elle exige une tête solide et des jambes nerveuses : la tête tourne facilement et l'équilibre est malaisé à maintenir.

LA POLKA PIQUÉE

La polka piquée se danse sur la même musique que la polka ordinaire. Voici la décomposition complète des pas : Le cavalier frappe d'abord à terre avec le talon gauche, la pointe du pied gauche en l'air, tandis que la dame fait de même avec le pied droit. Au deuxième temps, le cavalier rapproche le pied gauche devant le pied droit, la pointe basse, ce que répète simultanément, de son côté, la dame avec le pied droit. Au troisième mouvement, les deux danseurs exécutent ensemble les pas un, deux, trois de la polka, en commençant, le cavalier du pied gauche, et la dame du pied droit. Ils frappent alors, au 4e mouvement, à terre de côté, avec le talon, la pointe du pied en l'air. Au 5e mouvement, rapprochement du pied droit, pour le cavalier, devant le pied gauche, la pointe basse; rapprochement du pied gauche devant le pied droit, pour la dame. Au 6e mouvement, ils exécutent, chacun, le pas un, deux et trois de la polka, en commençant par le pied droit pour le cavalier, et par le pied gauche pour la dame. Enfin les pas se terminent par seize mesures de polka, que le cavalier commence du pied gauche, et la dame du pied droit pour reprendre ensuite au premier temps.

On peut exécuter cette danse dans tous les sens, mais on ne doit tourner que sur les pas de polka.

BABY-POLKA

Baby-polka ou polka des bébés, se danse sur la même musique que la polka ordinaire, avec la seule différence que l'on coupe le pas par une figure de gavotte : frappement des mains, menaces du doigt, changement de cavalier, etc., ou tout autre figure, au choix des danseurs.

LA VALSE

La valse est, sans contredit, la reine des danses. Tant qu'on ne sait pas valser, on ne sait pas danser; c'est à sa façon de valser que l'on juge un danseur. La valse est comme une pierre de touche infaillible : qui valse bien, polke bien, et, plus généralement danse bien toutes les danses. C'est, en effet, la danse dont l'exécution est la plus difficile, celle qui exige le plus de grâce, de souplesse et de régularité.

C'est une erreur de croire que la valse est d'origine allemande; en réalité, elle naquit en France. D'après un manuscrit du XIIe siècle, elle fut dansée à Paris, pour la première fois, le 9 novembre 1178. Elle était déjà connue en Provence sous le nom de *Volta*. Le chant qui l'accompagnait était désigné sous le titre de *Pallada*. Elle vint de Provence à Paris, fut à la mode pendant tout le XIIe siècle et fit les délices de la cour des Valois; les Allemands l'adoptèrent ensuite.

La valse doit être glissée, jamais sautée. Pour prévenir sa danseuse et partir en mesure, le cavalier fait précéder le pas d'une préparation qui consiste à poser le pied droit un peu en avant sur le premier temps de la mesure, à laisser passer le deuxième dans cette position, puis pour le troisième à sauter sur le pied droit en levant la jambe gauche en avant, de façon à n'avoir qu'à poser le pied gauche pour se trouver au troisième temps et emboîter le premier pas de la valse.

Les pieds des danseurs doivent conserver leur position ordinaire, ne pas s'effacer en dehors, ne pas se cambrer, toutes choses défectueuses. On ne doit ni chercher à se tenir sur les pointes, ni rester sur ses talons; la moitié du pied doit seule porter sur le parquet, de manière à conserver le plus de solidité possible, sans, toutefois, nuire à la légèreté. En résumé, on peut dire que, par tous les mouvements de la valse, le corps doit garder la position naturelle qui donne l'élégance extérieure et permet d'exécuter librement les pas.

VALSE A TROIS TEMPS

Le cavalier part du pied gauche, et la dame du pied droit. Voici comment se décompose le pas du cavalier. Il passe d'abord le pied devant sa danseuse (1er temps); il reporte ensuite le pied droit, un peu croisé, derrière le gauche, le talon levé et la pointe en l'air (2e temps); il pivote sur ses deux pieds en montant sur les pointes, pour se retrouver le pied droit devant à la troisième position (3e temps); il allonge le pied droit de côté (4e temps); glisse le pied gauche de côté en pivotant sur le pied droit (5e temps); puis rapproche le pied droit devant à la troisième position (6e temps).

La dame part après le quatrième temps (ceux qui précèdent n'étant que la préparation et l'avertissement donné à la danseuse) c'est-à-dire au même instant où le cavalier exécute le cinquième et sixième temps, puis continue par le premier, le deuxième et le troisième et ainsi de suite. Avec les six premiers pas, qui emploient la durée de deux mesures, on doit accomplir un tour entier. Les trois premiers pas se tournent également dans le premier demi-tour; au quatrième, le cavalier, sans tourner, place son pied entre ceux de sa dame, accomplit son demi-tour en passant devant elle avec le 5e pas et rapproche le pied droit au 6e temps.

VALSE A DEUX TEMPS

La musique de la valse à deux temps est rythmée sur la même mesure que celle de la valse à trois temps ; il faut, toutefois, presser un peu le mouvement.

On a cru longtemps que la valse à deux temps se trouvait en contradiction avec la mesure ; il n'en est rien, il suffit d'avoir un peu d'oreille pour s'en convaincre. On a également reproché à cette danse de manquer de souplesse et de grâce, et de ne présenter à l'œil qu'une course brève et saccadée, sans les balancements de corps et les ondulations de tête qui faisaient autrefois l'ornement indispensable de la vraie valse. Pour répondre à cette accusation, nous en appelons aux vrais valseurs et aussi simplement à ceux qui ont eu le plaisir de voir cette danse bien exécutée sous leurs yeux.

La position du cavalier pour la valse à deux temps, n'est pas la même que pour celle à trois. Il ne doit pas se placer en face de sa dame, mais un peu à droite. Il doit tenir les genoux légèrement pliés et s'incliner un peu sur l'épaule droite de sa danseuse, ce qui lui permet de s'élancer hardiment en l'entraînant.

Pour donner à sa dame le signal du départ, le cavalier exécute un double glissé-chassé du même pied.

Le pas est très simple; il n'est autre que celui du galop exécuté d'une jambe et de l'autre en tournant; seulement, le pas au lieu d'être sauté, doit être glissé, en évitant toute saccade et tout soubresaut. A vrai dire, la valse à deux temps devrait s'appeler valse à deux pas, puisque, étant à trois temps, elle comprend deux pas, dont le premier *glissé* prend les deux premiers temps de la mesure, et que le dernier *chassé* s'exécute sur le troisième temps.

Le pas *glissé* consiste à passer le pied doucement devant soi, en touchant très légèrement le parquet.

Ce pas est très lent. Le *chassé* se fait en allant de côté, soit à droite, soit à gauche; par exemple, si vous allez du côté gauche, il faut plier sur les deux jambes et vous relever en sautant à demi, c'est-à-dire à fleur de terre, et en prenant ce mouvement sur les deux pieds, la jambe droite se rapproche de la gauche pour retomber à sa place, par conséquent la *chasse* en l'obligeant de se porter plus loin à la deuxième position, ce qui doit se faire très vite.

Donc le cavalier doit glisser le pied gauche pendant les deux premiers temps de la mesure ; puis, pour le troisième temps, il doit rapprocher le pied droit pour chasser son pied gauche, ce qui fait le deuxième pas. Le pied droit répète ensuite le même pas. La dame exécute le pas en partant du pied droit.

Le défaut de la plupart des valseuses est de trop se renverser en arrière, de détourner la tête, de cambrer leur taille, ce qui les rend plus lourdes et se trouve en contradiction avec le sens oblique de la valse.

Une dame doit se pencher légèrement en avant sur le cavalier et se fier entièrement à lui pour l'exécution des divers mouvements. En aucun cas, elle ne doit vouloir donner à la danse une impulsion personnelle. Elle risquerait ainsi de contrarier les intentions de son cavalier qui peut seul assurer sa sécurité dans le tourbillon d'un bal.

Lorsqu'une valseuse désire se reposer, elle doit en avertir son cavalier, et ne jamais s'arrêter d'elle-même au milieu du cercle. C'est à celui-ci seulement qu'il appartient de choisir la place convenable où il pourra la mettre à l'abri des rencontres fâcheuses.

D'ailleurs, la tâche du valseur est moins facile et plus délicate que celle de la dame. Pour bien valser, il ne suffit pas de conduire sa dame toujours dans le même sens, ce qui donnerait lieu à ce défaut d'uniformité qu'on reproche à la valse à trois temps; il faut savoir tantôt la faire reculer en faisant le pas de valse en droite ligne, tantôt la faire avancer en faisant le même pas à reculons. Si l'espace est libre devant soi, on doit étendre aussitôt son pas et exécuter cette course impétueuse qui est la caractéristique de la valse à deux temps.

La valse à deux temps peut se danser à l'envers. Le cavalier au lieu de s'élancer du côté gauche, s'élance du côté droit et continue dans ce sens en entraînant sa dame avec lui. Il faut être déjà un valseur habile pour se permettre de valser à l'envers. Les jeunes valseurs contracteraient, dans cet exercice, des habitudes vicieuses. D'ailleurs, la valse à l'envers ne doit être jamais que l'accessoire et non le fond de la vraie valse.

Un valseur, quelque habile qu'il soit, ne sera pas un bon danseur, si son attitude est guindée, si son cou ne se détache pas des épaules, si son dos est voûté ou son bras contourné, si ses jambes sont raides. La valse à deux temps n'exige ni excentricité, ni affectation. La simplicité et le naturel doivent servir de règle. Un cavalier tient sa dame tout simplement par la main et la conduit sans plus d'effort que s'il avait à la diriger dans une promenade.

Il est à remarquer qu'il y a presque autant d'espèces de valses que de valseurs. Certains, fougueux, précipitent leur danseuse dans un tournoiement vertigineux; d'autres, plus calmes, évitent le vol audacieux; d'autres, enfin, semblent à chaque pas, s'élever de terre. Ces diverses façons de valser sont toutes admises et ne dénaturent en rien le mouvement gracieux de cette danse.

Les variétés qui existent entre les valseurs se retrouvent aussi chez les valseuses. Ces dissemblances ou ces affinités constituent un des grands attraits de la valse à deux temps. Le valseur habile peut s'attendre à trouver une nouvelle espèce de valse presqu'à chaque invitation nouvelle.

Complétons cet article en ajoutant que nous devons à nos amis les Russes de voir s'acclimater de plus en plus, dans nos salons, la valse à la russe qui ne se danse pas seul à seul entre danseuse et cavalier; en effet, les danseuses passent, dans le cours d'une même valse, de danseur à danseur, sans pouvoir faire plus de deux tours avec chacun. Avec cette valse, plus de conversation intime, mais aussi plus de refus à personne; plus de favorisés, mais aussi plus de délaissés. La danseuse appartient à tous les danseurs, ce qui n'est pas un mince mérite pour lui assurer un grand succès parmi les valseurs.

LA SCHOTTISH

On ne sait si, comme la mazurka et la polka, la schottish est d'origine polonaise. Ce qui est certain, c'est qu'elle fut importée en France vers 1855 et qu'elle y obtint un véritable succès de vogue. Quoiqu'elle soit moins dansée aujourd'hui, elle n'a pas cessé d'être usitée dans les salons et dans les bals publics.

Son rythme musical rappelle celui de la polka, mais avec moins de monotonie dans l'accompagnement. La mesure est à deux-quatre ou à quatre temps; le mouvement est modéré; le quatrième temps doit être bien accentué.

Le pas comprend seize temps ou quatre mesures ; au premier temps, le cavalier glissera sur le pied gauche ; au deuxième, il reporte le premier droit derrière le talon gauche; au troisième, *jeté* du pied gauche, c'est-à-dire mouvement de côté, en pliant sur une jambe et retombant sur l'autre ; au quatrième, saut sur le même pied.

Puis il part du pied droit et recommence ces quatre temps, ce qui fait huit temps. Pour compléter les seize, il saute deux fois alternativement sur chaque pied pendant huit temps de sauteuse. Les huit petits sauts peuvent être remplacés par quatre *glissés* et *chassés* alternatifs, comme dans la valse à deux temps. C'est même la schottish ainsi modifiée qui est adoptée dans les salons.

Il est à remarquer que le premier pas de la schottish n'est qu'un pas de polka allongé et suivi d'un léger saut. Les deux rythmes de ces danses ont de grands rapports entre eux ; en prenant un peu le mouvement, on peut polker sur un air de schottish.

LA RÉDOWA

Cette danse, d'origine bohémienne, se compose de trois parties distinctes. Les positions du cavalier et de la dame sont les mêmes que dans la valse à trois temps.

La mesure de la rédowa est à trois temps et doit être jouée sur un rythme beaucoup plus lent que la valse ordinaire. Le pas peut se décomposer ainsi :

En s'élevant légèrement sur le pied droit, le cavalier passe le pied gauche devant en tournant un peu ; autrement dit, il fait un *jeté* du pied gauche ; puis il ramène le pied droit derrière, un peu éloigné, en le glissant (1er et 2e temps) ; il reporte le pied droit devant (3e temps), et exécute ensuite le pas de basque. Ce pas doit être fait en trois temps bien égaux. On recommence ensuite du pied gauche.

La dame exécute les mêmes pas que le cavalier, en commençant par le pas de basque du pied droit.

Cette danse s'exécute en poursuites, en valses et en balancés. Le balancé est un pas qui consiste à se mouvoir sur la pointe des pieds, tantôt d'un côté, tantôt d'un autre, sans avancer ni reculer et en restant à la même place. Le pas est le même pour les trois figures, avec quelques légères modifications.

Dans les poursuites, le cavalier et la dame, se prenant par les mains en face l'un de l'autre, avancent ou reculent à volonté, et balancent en avant et en arrière. Le pas de la poursuite pour avancer se fait en glissant le pied en avant, sans sauter. Il faut avoir soin de bien avancer sur le pas glissé et de sauter légèrement les deux autres sur place.

La dame doit se conformer aux mouvements du cavalier, reculer quand il avance, avancer quand il recule. A chaque glissé, il faut incliner un peu l'épaule, qui doit toujours suivre le mouvement de la jambe qui avance ou recule.

Pour attaquer la valse, le cavalier doit prendre sa danseuse à la taille, comme dans la valse ordinaire. On doit faire chaque pas sur chaque temps de la mesure, et se retrouver toutes les deux mesures, le cavalier du pied gauche et la dame du pied droit. La valse à deux temps, exécutée sur ce rythme particulier, prend un nouveau caractère.

Pour les personnes qui connaissent déjà la mazurka et la valse à deux temps, la rédowa n'offre pas de grandes difficultés. Elle exige cependant un vif sentiment de la mesure et une très grande souplesse de mouvements. Quoique sans grande originalité, cette danse est charmante par son caractère d'élégance et d'abandon. Elle obtint un énorme succès dès son apparition en France. Le rythme musical de la rédowa est susceptible d'une grande variété, et plus d'un compositeur de musique s'en est heureusement inspiré.

LE QUADRILLE

Le quadrille, que l'on appela d'abord contredanse, date du commencement du siècle.

Il se compose de cinq figures : *le pantalon, l'été, la poule, la pastourelle* et *la finale.*

Le quadrille peut être dansé par deux, quatre ou un nombre indéterminé de couples. Deux couples qui dansent ensemble se placent vis-à-vis l'un de l'autre, les cavaliers à gauche de leur dame.

L'orchestre joue deux fois la musique de la première figure et quatre fois la musique des suivantes; pendant les huit premières mesures de chaque figure, qui servent d'introduction, on ne danse pas.

Un danseur doit toujours s'assurer un vis-à-vis avant de prendre place dans un quadrille.

Le quadrille se danse à quatre personnes (et à huit lorsqu'on le fait croisé). Il se compose de cinq figures.

PREMIÈRE FIGURE

Le Pantalon

Cette figure commence par une *chaîne anglaise*. Les deux cavaliers et les deux dames, qui se font face, s'avancent l'un vers l'autre, puis se quittent les mains pour laisser passer les dames au milieu, et se les reprennent en se rejoignant après la rencontre. Les deux couples reviennent ensuite chacun à sa place en exécutant le même mouvement. La chaîne anglaise dure huit mesures.

La figure se poursuit par la *chaîne des dames*. Les deux dames traversent en se donnant la main droite et changeant ainsi de place en donnant la main gauche aux cavaliers de vis-à-vis avec qui elles exécutent un tour sur place. Puis les deux dames reviennent se donner la main droite pour aller retrouver leurs cavaliers, à qui elles redonnent la main gauche. (8 mesures.)

DEUXIÈME FIGURE

L'Été

Cette figure se compose:

1º De deux *en avant-deux*. Le cavalier et la dame qui lui fait face font deux fois en avant et en arrière. (8 mesures.)

2º D'un *traversé*. Les mêmes danseurs changent de place, en obliquant à gauche. (4 mesures.)

3º D'un *avant-deux* exécuté par le même cavalier et la même dame. (4 mesures.)

4º D'un *traversé*. Le cavalier et la dame obliquent à droite pour regagner leur place (4 mesures.)

5º D'un *repos*, pendant lequel les deux couples restent en place. (4 mesures.)

Cette figure peut être faite en double, si les deux couples partent ensemble. Sinon, c'est au cavalier et à la dame, qui sont restés seuls, d'exécuter à leur tour la figure, quand les deux autres danseurs l'ont terminée.

La Poule

Un cavalier et la dame de vis-à-vis font en avant et en arrière, en avant une seconde fois, et se donnent la main gauche. Les mêmes danseurs donnent leur main droite, savoir : le cavalier à sa dame laissée en place, la dame à son cavalier qui n'a pas bougé. De la sorte, les deux couples forment une chaîne, les cavaliers regardant d'un côté et les dames de l'autre (8 mesures).

Les quatre danseurs en ligne exécutent un balancé sur place à droite et à gauche, puis se dédoublent en se quittant les mains, et traversent pour changer de place avec leur vis-à-vis (8 mesures).

Le cavalier et la dame de vis-à-vis qui ont commencé la mesure font deux fois ensuite en avant et en arrière (8 mesures).

Cet en-avant-deux est suivi d'un en-avant-quatre, pendant lequel chaque cavalier offre la

main à sa dame et fait en avant et en arrière
(4 mesures).

Puis les couples se quittent les mains pour
traverser. C'est une chaine anglaise qui termine
la figure ; les dames passent au milieu et chacune reprend sa place (4 mesures).

Le cavalier et la dame qui n'ont pas engagé la
figure peuvent alors la recommencer.

QUATRIÈME FIGURE

La Pastourelle

Un cavalier conduit sa dame en avant et en
arrière, puis la reconduit une deuxième fois et
retourne à sa place après l'avoir laissée au cavalier vis-à-vis qui lui offre la main gauche après
qu'il a donné la main droite à sa propre dame (8
mesures).

Le vis-à-vis qui se trouve ainsi entre les deux
dames fait, avec elles, un avant-trois, puis recule, répète une nouvelle fois l'avant-trois et,
après avoir cédé les dames au cavalier resté seul,
s'en retourne à sa place à reculons (8 mesures).

Le premier cavalier, accompagné des deux
dames, fait en avant et en arrière, puis, tous
trois vont rejoindre le vis-à-vis et les quatre dan-

seurs se donnent alors la main pour faire un rond (8 mesures).

Les deux couples réunis exécutent un demi-rond à gauche (4 mesures), puis se séparent, et font une demi-chaine anglaise pour regagner chacun sa place.

La même figure est ensuite répétée par le vis-à-vis. On a supprimé, dans cette figure, le cavalier seul qui autrefois permettait au danseur de faire montre de son talent, au moment où, après avoir cédé sa dame au cavalier de vis-à-vis, il se trouvait isolé et en vue de tout le monde. Dans les bals publics, ce vieil usage subsiste quelquefois, mais il n'est plus admis dans la bonne société.

CINQUIÈME FIGURE

Finale ou Galop

Les deux couples exécutent un galop en obliquant à droite, passent, tout en galopant, à la place l'un de l'autre, et reviennent à leur place en continuant un cercle allongé à droite (8 mesures).

Les deux cavaliers galopent, chacun avec sa dame, en avant et en arrière, puis en avant une seconde fois, et changent alors de dame et de place (8 mesures).

L'en-avant-quatre est suivi d'une chaîne de dames. Les deux danseuses traversent en se donnant la main droite, puis donnent la main gauche à leur cavalier pour faire un tour sur place; elles reviennent ensuite vers l'autre cavalier de la même façon (8 mesures).

Les danseurs, avec la dame de leur vis-à-vis, exécutent un nouvel en-avant-quatre en galopant en avant et en arrière, puis ils reprennent leurs dames et les ramènent à leur première place (8 mesures).

On termine cette figure par le galop du commencement.

Nous avons dit que le quadrille français peut être dansé à huit personnes. Il prend alors le nom de *quadrille croisé*.

LE QUADRILLE CROISÉ

Les quatre couples sont placés en croix. On donne à l'un des couples le n° 1, son vis-à-vis prend le n° 2, le groupe placé à la droite du n° 1 prend le n° 3, et celui de gauche le n° 4.

Dans ce quadrille, les couples 1 et 2 partent les premiers, les couples 3 et 4 deux mesures après. Toutes les figures, d'ailleurs, s'exécutent comme celles décrites plus haut ; elles demandent seulement de la part des couples les premiers partis un peu plus d'agitité. Ils devront traverser rapidement afin que les couples placés dans l'autre sens puissent se conformer aux mêmes mouvements, en suivant la mesure. La troisième figure se trouve seulement un peu plus compliquée. Aussi en donnons-nous une nouvelle explication.

La Poule. — Le cavalier n° 1 et la dame n° 2, vis-à-vis, font en avant et en arrière ; le cavalier n° 3 et la dame n° 4 exécutent le même mouvement, mais lorsque les premiers reculent, seulement, ils se mettent à avancer (4 mesures).

Le cavalier n° 1 et la dame n° 2 avancent de nouveau, se donnent la main gauche, et donnent la main droite à la dame n° 1 et au cavalier n° 2. Le cavalier n° 3 et la dame n° 4 se donnent également la main gauche par dessus la main gauche du cavalier n° 1 et de la dame n° 2, et comme ces derniers, ils donnent la main droite à leurs partenaires. Les quatre couples se trouvent ainsi placés sur deux lignes formant une croix (4 mesures).

Sans changer leur position relative, les cavaliers et les dames font un balancé à huit, sur place, à droite et à gauche, puis, ne se quittant pas, les quatre couples exécutent une demi-promenade en moulinet pour aller prendre la place de leur vis-à-vis (8 mesures).

Le cavalier et la dame qui ont commencé la figure, font deux fois en avant et en arrière ; le cavalier n° 3 et la dame n° 4 font le même mouvement, mais en ayant soin de n'avancer que lorsque les premiers reculent (8 mesures).

Puis, chaque cavalier offrant à sa dame la main droite, les n°ˢ 1 et 2 font un avant-quatre et les n°ˢ 3 et 4 de même (4 mesures).

LE QUADRILLE AMÉRICAIN

Depuis quelques années, on a pris, dans beaucoup de salons, l'habitude de remplacer le quadrille français, simple ou croisé, par le quadrille

américain. Celui-ci comporte cinq figures comme
son aîné et s'exécute sur la même musique. Il se
danse à quatre couples, comme le quadrille
croisé.

PREMIÈRE FIGURE

La Promenade

Les quatre couples se promènent circulaire-
ment de gauche à droite, les cavaliers donnant
le bras aux dames. Quand chaque couple est
revenu à sa place, les quatre dames font la

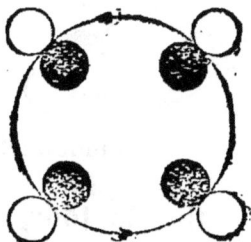

Fig. 1. — La promenade.

chaîne, donnent la main gauche au cavalier qui
leur fait vis-à-vis et retournent à leur place par
une chaine inverse de la première. La figure se
termine par une seconde promenade suivie d'une
double chaîne des dames.

DEUXIÈME FIGURE

Les Moulinets

Les quatre couples forment un rond en se tenant par les mains, et tournent, d'abord à droite,
puis à gauche. Cela fait, les cavaliers se tiennent
deux à deux par la main gauche, et, passant le
bras droit autour de la taille de leur danseuse,
tournent de droite à gauche sans se quitter les

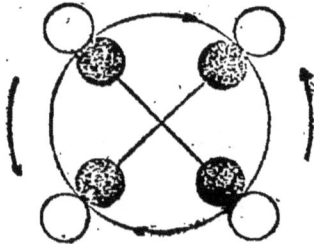

Fig. 2. — Les moulinets.

mains; à chaque fin de tour, chaque dame
abandonne son cavalier et continue à tourner
avec le cavalier qui est derrière elle. Quand chaque dame a retrouvé son cavalier, c'est-à-dire
après quatre tours, on recommence la figure en
tournant, cette fois, de droite à gauche; les cavaliers se tiennent alors par la main droite et
conduisent leur dame avec le bras gauche.

TROISIÈME FIGURE

Les Chevaux de bois

Les dames forment un rond en se **tournant le** dos, et les cavaliers les entourent en leur **faisant** face. Les deux groupes, se tenant par les mains,

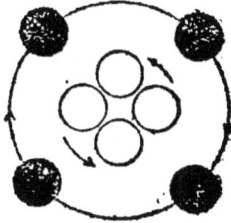

Fig. 3. — Les chevaux de bois

tournent en sens inverse ; puis, les **cavaliers** passent leur bras droit autour de la taille de leurs danseuses et forment un moulinet, comme dans la figure précédente.

QUAURIÈME FIGURE

La Passe

Le premier couple, se tenant par la main, élève les bras de façon à former un berceau sous lequel passent les autres couples en se donnant la

main ; les couples 1, 3, et 4 passent sous les bras
du deuxième couple, et ainsi de suite.

La Corbeille

Les dames, s'avançant au milieu, forment un
rond ; les cavaliers élèvent les bras et enlacent le
rond des danseuses, de façon à se donner les
mains devant elles ; puis, tout le monde tourne

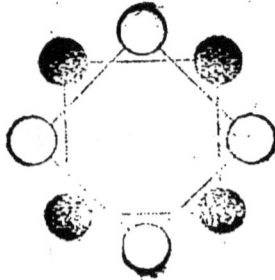

Fig. 4. — La corbeille.

une fois de droite à gauche et une fois de gauche
à droite. Cela fait, les cavaliers élèvent les bras
et, à leur tour, les dames les enlacent. On tourne
de nouveau à droite et à gauche, et la figure se
termine par les Chevaux de bois.

La Boulangère

La cinquième figure du quadrille ordinaire, **du quadrille croisé et du quadrille américain est** très fréquemment remplacée par la Boulangère.

Tous les danseurs, se donnant la main, forment un rond. Ils avancent simultanément vers le centre du rond, reculent, et, revenus à leur place, les cavaliers prennent la taille de la dame placée à leur gauche, tournent avec elle et la laissent à leur droite ; puis, tout le monde avance et recule de nouveau, et chaque cavalier fait tourner la dame qui se trouve à sa gauche.

La figure est terminée quand chaque danseur a fait tourner trois fois chacune des dames.

LES LANCIERS

Quadrille anglais

Le quadrille des Lanciers ne **se danse qu'à huit** personnes ; il se compose, comme le quadrille Français, de cinq figures. Les **quatre premières** figures se jouent quatre fois, et la dernière huit fois. La position des couples est la même que dans le quadrille ordinaire. Le couple qui part le premier prend le n° 1, celui de vis-à-vis le n° 2, celui qui est à sa droite le n° 3, celui de gauche le n° 4.

Les Dorsets ou les Tiroirs

Le cavalier n° 1 et la dame vis-à-vis vont en avant et en arrière (4 mesures), font un tour de main de la main droite et regagnent chacun leur place (4 mesures).

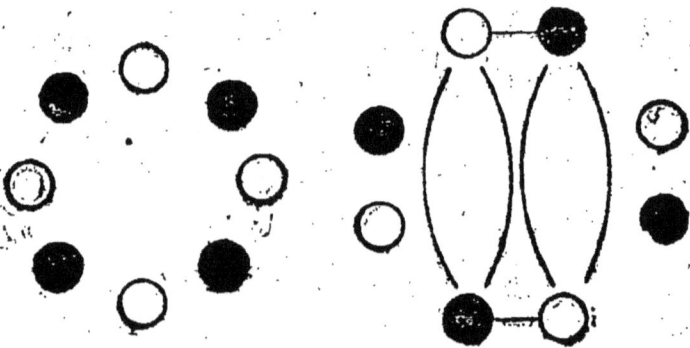

Fig. 5 et 6. — Les tiroirs.

Le même cavalier du premier couple, pour exécuter les *tiroirs*, prend de sa main droite la main gauche de sa dame, avec laquelle il tra-

verse le couple nᵒ 2 qui, pendant ce temps,
passe et vient occuper la place de son vis-à-vis.
Les deux couples ayant changé de place se retournent l'un l'autre. Alors, le cavalier nᵒ 1 revient avec sa dame en dehors afin que le cavalier nᵒ 2, qui tient dans sa main gauche la main
droite de sa dame, puisse passer au milieu (8
mesures).

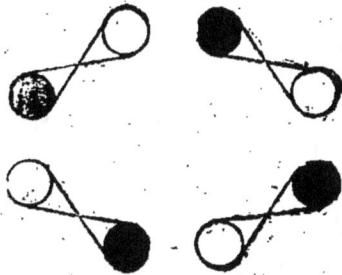

Fig. 7. — Les tiroirs.

Chaque cavalier salue ensuite la dame de
gauche, qui répond par une révérence, et fait
un tour de main avec elle (8 mesures).

Même figure pour les couples 2, 3 et 4.

DEUXIÈME FIGURE

La Victoria ou les Lignes

Le couple nᵒ 1 fait en avant et en arrière,
comme dans la Pastourelle (4 mesures).

Un deuxième en avant. Le cavalier place sa dame en face de lui et la salue (4 mesures).

Le cavalier et la dame font, chacun de leur côté, quatre pas obliques à droite puis à gauche (ils chassent); le cavalier offre la main à sa dame et recule jusqu'à sa place. En même temps, les

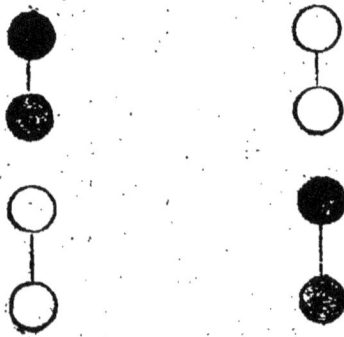

Fig. 8. — La Victoria.

couples nos 2, 3 et 4 se séparent et vont former deux *lignes*, avec le couple qui vient de danser et son vis-à-vis (8 mesures).

Puis, les huit danseurs vont en avant et en arrière les uns vers les autres, par ligne (4 mesures).

Chaque cavalier prend, de sa main droite, la main droite de sa dame pour revenir à sa place.

Même figure pour les couples 2, 3 et 4.

TROISIÈME FIGURE

Les Moulinets

Le cavalier n° 1 et la dame n° 2 font en avant et en arrière (4 mesures). Puis, après avoir fait une dernière fois en avant, le cavalier salue; la dame fait une longue révérence (4 mesures).

Les quatre dames forment ensuite le moulinet en se donnant la main droite, elles font un demi-tour et donnent la main gauche à la main gauche des cavaliers de vis-à-vis, en faisant un tour entier, comme dans la chaîne des dames. Elles reforment le moulinet au centre du quadrille et regagnent leur place par un tour de main, mais, cette fois, avec leurs cavaliers respectifs (8 mesures).

Les trois autres couples exécutent la même figure.

QUATRIÈME FIGURE

Les Visites

Le couple n° 1 va en visite au couple n° 3, placé à sa droite; saluts des cavaliers et révérences des dames des deux couples (4 mesures).

Visite du même couple n° 1 au couple n° 4, placé à sa gauche ; saluts et révérences (4 mesures).

Après les saluts de cette deuxième visite, les couples 1 et 4 font deux *chassés-croisés*.

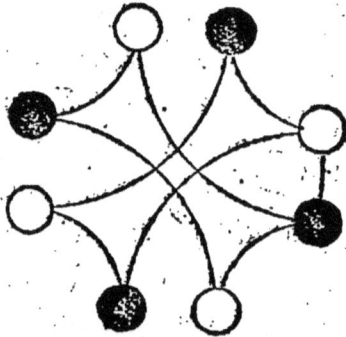

Fig. 9. — Les visites.

En faisant face à la dernière personne qu'ils viennent de saluer, les cavaliers obliquent sur leur droite et changent de place avec leurs dames qui obliquent sur leur gauche (4 mesures).

Les cavaliers reconduisent les dames à leur place en leur donnant la main et en les faisant passer devant eux (4 mesures). Les deux dames qui ont fait les visites font une chaîne de dames entière (8 mesures).

Même figure pour les couples 3 et 4.

Les deux dernières fois, les visites commencent à gauche et se poursuivent à droite. Deux couples peuvent partir à la fois.. La visite est alors double.

CINQUIÈME FIGURE

Les Lanciers

Cette figure s'ouvre par la grande chaîne plate.

Le premier cavalier donnant la main gauche à sa dame, tous deux se saluent mutuellement à la moitié de la chaîne, quand ils se rencontrent, et de même en arrivant à leur place. Le premier couple alors tourne sur place le dos au quadrille; celui de droite se place derrière le premier; celui de gauche derrière le deuxième; le quatrième couple se trouve naturellement placé. Chassé-croisé et balancé répété deux fois.

On peut remplacer le salut par quatre pas en avant, quatre pas en arrière, quatre pas en avant et le grand salut; ou, par quatre pas en avant, quatre pas en arrière, un tour de main droite et le grand salut.

Le cavalier conducteur, tenant de la main droite la main gauche de sa dame, avance en la faisant passer devant lui, retourne à sa place en obliquant à droite et tourne le dos au quadrille (2 mesures). Le couple de droite n° 3 vient se placer derrière lui dans la même position (2 mesures) ; le couple de gauche n° 4 en fait autant (2 mesures) ; le couple n° 2 ne bouge pas.

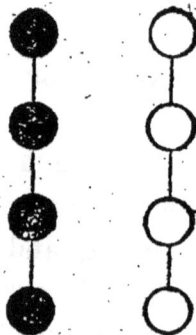

Fig. 10. — Les lanciers.

Les quatre couples exécutent un chassé-croisé : les cavaliers, passant derrière leur dame, vont à droite, les dames à gauche (4 mesures). Répétition du chassé-croisé, les cavaliers allant à gauche, les dames à droite (4 mesures).

Les cavaliers font ensuite une promenade à gauche, les dames à droite, en décrivant un arc de cercle pour revenir à leurs places de départ. En arrivant, les cavaliers forment une ligne, et

les dames une autre ligne, en sens inverse (8 mesures).

Les deux lignes font en avant et en arrière un
avant-huit (4 mesures) et les quatre couples font
un tour de mains pour reprendre leurs places.

Même figure pour les trois autres couples.

Le quadrille des Lanciers se termine habituel-
lement par une polka, que chaque cavalier danse
avec sa dame sur l'air de la cinquième figure.

Nota. — Voir à la Table le *Quadrille-Menuet.*

LE COTILLON

Le Cotillon peut être considéré comme le résumé des principales danses dont nous venons
de donner l'explication détaillée. On sait l'importance d'un cotillon dans les réunions dansantes. Un bal serait incomplet et sans éclat, s'il
ne se terminait par cette série de danses toujours
trop courte au gré des couples lassés ayant subi-
tement retrouvé leurs forces.

Pour former un cotillon, on s'assied en demi-
cercle ou en cercle complet autour du salon, sui-

vant le nombre des danseurs, en ayant soin de se placer contre les murs, afin de laisser le plus de place possible au milieu de la pièce.

On se dispose par couples, la dame toujours à la droite de son cavalier, et sans laisser d'intervalle entre les sièges.

Les cavaliers qui restent sans dame se réunissent afin que le cavalier conducteur puisse les trouver lorsque plusieurs danseurs seront nécessaires pour compléter certaines figures.

On valse également le cotillon, mais on peut le danser à volonté soit en polka, soit en mazurka ; il arrive quelquefois qu'on change de danse en changeant de figure et que l'on mêle les trois danses pour plus de diversité.

Il est d'usage que le fils de la maison conduise le cotillon avec une dame qui doit avoir les honneurs de la soirée ; un cavalier quelconque peut le remplacer, mais il faudra le désigner d'avance afin qu'il ait le temps de préparer ses figures. Dans tous les cas, le cavalier qui se lève le premier pour partir prend le nom de *cavalier conducteur*; la place qu'il occupe avec sa dame représente *la tête du cotillon*. Tous les couples, en allant sur la droite, exécutent, chacun à leur tour, les figures indiquées par lui.

L'animation et l'entrain d'un cotillon dépendent entièrement de l'habileté du cavalier conducteur. C'est lui qui donne à l'orchestre le signal du départ, qui l'avertit lorsqu'il faut changer d'air dans les cotillons mêlés de valses et de polkas. Mais il faut aussi que les autres danseurs concourent au bon ordre de l'ensemble en se soumettant strictement à son autorité. Il n'y aurait plus ni entraînement ni suite, si chacun voulait se mêler de conduire à sa guise et si le choix des figures n'était pas déterminé par une seule personne. La discipline du cotillon est indispensable.

Le cavalier-conducteur a donc pour devoir de ne jamais perdre de vue les autres couples, de les faire partir et de les arrêter en frappant des mains, de varier les figures avec accessoires d'avec les figures classiques, de faire danser plusieurs couples à la fois, et enfin de savoir terminer le cotillon par des figures générales auxquelles tous les invités prennent part. Cette tâche de cavalier conducteur, en apparence facile, demande dans les détails beaucoup de tact et de réserve. Il serait, en outre, très déplacé de vouloir conduire un cotillon avec des airs de prétention. Les amateurs de cotillon doivent connaître les figures, afin que le cavalier conducteur n'ait plus qu'à les leur indiquer, au lieu d'avoir à en donner l'explication chaque fois.

Nous avons réuni le plus grand nombre de figures connues avec et sans accessoires; en commençant par les plus simples et les plus usuelles, réservant les plus compliquées pour la fin, destinées qu'elles sont à réveiller l'animation des danseurs à l'heure avancée où se poursuit le cotillon.

Figures expliquées du Cotillon

1

LA COURSE OU LE VA-ET-VIENT

Après avoir fait un tour de valse, le premier cavalier et sa dame se séparent; le cavalier va choisir deux autres dames dans le cercle; sa dame, de son côté, choisit deux cavaliers. Ils se placent vis à vis l'un de l'autre et assez loin, puis s'élancent et valsent chaque cavalier avec la dame qui se trouve devant lui.

Suivant les dimensions du salon, cette figure peut se faire à deux, trois ou quatre couples qui s'élancent à côté les uns des autres.

2

LES CAVALIERS A GENOUX

Le conducteur place quatre chaises adossées au milieu du salon. Quatre couples partent en valsant ; le conducteur fait asseoir les dames ; pendant ce temps, les trois autres cavaliers sont allés prendre chacun un cavalier et sont revenus avec les nouveaux danseurs former un cercle de sept cavaliers autour des quatre dames assises. A un signal donné, les cavaliers se mettent à genoux et chaque dame valse avec celui qui se trouve en face d'elle. Les cavaliers délaissés s'en retournent à leur place.

3

LES PRÉSENTATIONS

Après avoir valsé, le cavalier laisse sa dame assise sur une chaise au milieu du salon ; puis, il va chercher deux cavaliers et les présente à sa dame, qui valse avec l'un d'eux. Le cavalier refusé s'assied à la place de la dame et le conducteur va prendre deux dames qu'il lui présente. Le cavalier assis part avec l'une d'elles et le cavalier conducteur reconduit l'autre à sa place, en valsant.

En plaçant deux, trois ou quatre chaises au milieu du salon, cette figure peut se faire à deux, trois ou quatre couples.

4

LE NŒUD DU MOUCHOIR

Départ du premier couple. Après la valse, la dame fait un nœud à l'un des coins d'un mouchoir, qu'elle présente à quatre cavaliers. Celui qui rencontre le nœud, valse avec elle jusqu'à sa place.

5

L'ÉCHANGE DE DAMES

Deux couples partent en valsant. Après quelques tours, ils se rapprochent; les cavaliers changent de dame sans perdre le pas ni la mesure. Après quelques nouveaux tours avec la dame l'un de l'autre, ils changent de nouveau et regagnent leur place.

6

LES DEUX CHAISES

Deux chaises sont placées dos à dos au milieu

du salon ; le cavalier conducteur fait asseoir une dame sur l'une des chaises ; de son côté, sa dame fait asseoir un cavalier sur l'autre. Le cavalier va ensuite prendre de chaque main une autre dame, tandis que sa danseuse choisit aussi deux cavaliers. Ronde autour des personnes assises. A un signal, la dame conductrice valse avec le cavalier qu'elle a fait asseoir, le conducteur avec la dame qu'il a fait asseoir, et les autres cavaliers amenés ensuite, dansent avec les dames qui se trouvent en face d'eux.

7

LES PETITS BOUQUETS

Une corbeille contenant plusieurs bouquets est placée sur un guéridon, le cavalier et la dame qui viennent de valser prennent chacun un petit bouquet. Ils vont l'offrir ensuite, la dame à un cavalier, et le cavalier à la dame qu'ils désirent comme danseurs.

Tout le monde répète cette figure, qui peut se faire à la fois par plusieurs couples.

8

LES FLEURS

Pendant que la dame du conducteur va chercher deux cavaliers, lui, choisit deux dames et les invite à lui indiquer, à voix basse, chacune une fleur. Le second cavalier nomme une fleur et valse avec la dame qui porte le nom de cette fleur. Le cavalier conducteur valse avec l'autre dame. La dame du premier cavalier exécute la même figure avec les deux cavaliers qu'elle a choisi. On peut faire les fleurs à un, deux ou trois couples.

9

LES RENCONTRES

Un nombre pair de couples part en valsant, et s'arrête au premier signal ; les cavaliers offrent la main droite à leurs dames et vont à la rencontre d'un autre couple. Après avoir salué, ils changent de dame et continuent la valse. A un deuxième signal, les cavaliers vont retrouver leurs dames ; nouvel échange de saluts et retour de chacun à sa place, en valsant.

10

LE REPOS

On place deux chaises au milieu du salon. Les deux premiers couples font quelques tours de

valse ; puis, les cavaliers font asseoir leurs
dames et vont en choisir deux autres, avec qui
ils font le tour du salon. Ils font ensuite asseoir
ces dames à la place des leurs, qu'ils reconduisent en valsant. Pendant ce temps, les cavaliers
dont les dames sont assises, quittent le cercle et
choisissent à leur tour deux dames qu'ils font
valser ; puis, ils viennent les faire asseoir à la
place des leurs, qu'ils reconduisent à leur place,
en valsant.

La même figure est ainsi répétée par tout le
monde.

En plaçant quatre chaises au milieu du
salon, on peut faire cette figure à quatre couples.

11

DAME ET ROI

Les quatre dames d'un jeu de cartes sont
offertes par le premier cavalier à quatre dames
du cercle. De même, les quatre rois de ce jeu sont
présentés, par la dame du premier couple, à
quatre cavaliers. Puis, les cavaliers se lèvent et
vont chercher les dames correspondantes. Le roi
et la dame de cœur valsent ensemble, etc.

12

LES DEMI-TOURS OU LE DOS A DOS

Après avoir exécuté une promenade en quelques tours de valse, le cavalier conducteur fait ranger quatre ou cinq couples sur une même ligne, les dames faisant face à leurs cavaliers, et se trouvant dos à dos avec leurs voisins. Le con-

Fig. 11. — Le dos à dos.

ducteur et la conductrice se placent chacun à l'un des bouts de la ligne, la dame, dos à dos avec le dernier cavalier, et le conducteur dos à dos avec la dernière dame. A un signal donné, chaque personne fait un demi-tour et valse avec la personne qui lui tournait le dos.

Avec deux couples conducteurs, on pourrait fournir deux lignes composées de la même façon et se dispersant au même signal.

13

LA SERPENTINE

Après quelques tours de valse, le cavalier con-

ducteur laisse sa dame ; il choisit ensuite trois
dames qu'il place derrière la sienne à une distance égale ; puis il va chercher cinq ou six cavaliers se tenant tous par les mains, et les dirige
en les faisant serpenter dans les intervalles lais-
sés entre chaque dame. Au moment où les cavaliers sont bien lancés, le conducteur donne le
signal et chaque cavalier danse avec la dame
qu'il peut rencontrer. Les autres, restés seuls,
reviennent à leurs places.

44

LE COUSSIN

Le premier cavalier part en tenant un coussin
de la main gauche. Il fait le tour du salon avec
sa dame, à laquelle il abandonne le coussin et
que celle-ci doit présenter à plusieurs cavaliers
en les invitant à placer un genou dessus. Au
moment où le cavalier va s'agenouiller, la dame
retire vivement le coussin, si elle veut le trom-
per ; mais elle le laisse tomber devant celui
qu'elle désire choisir.

15

LES DIFFÉRENTS RONDS

Quatre couples quittent le cercle et se placent,

comme pour le quadrille français, deux couples vis-à-vis l'un de l'autre. Les huit danseurs font un rond général, et une fois à leurs places, les quatre couples se séparent, formant deux ronds des quatre personnes.

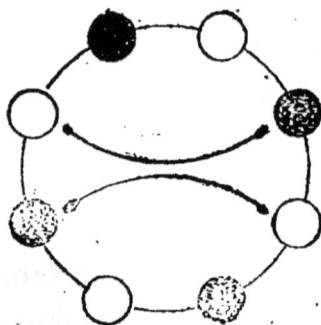

Fig. 12. — Les différents ronds.

De nouveau, les deux ronds se brisent et quatre petits ronds de deux personnes se forment, chaque cavalier exécutant un tour des deux mains avec sa dame. Les cavaliers placent ensuite leurs dames à droite et le grand rond à huit se retrouve formé. On fait en avant et en arrière, comme dans la Boulangère, puis chaque cavalier danse avec la dame qui se trouve à sa gauche.

16

LES PETITS RONDS A TROIS OU RONDS BRISÉS

Le premier couple part, pour un salut ou une promenade. Il se sépare, et le cavalier va choisir deux dames pendant que la dame va prendre deux cavaliers. Ils forment ainsi deux ronds composés de trois personnes, et qui se trouvent placés vis-à-vis l'un de l'autre. Les deux ronds tournent très vite. A un signal donné, ils s'ar-

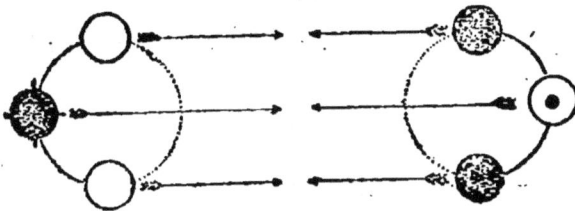

Fig. 13. — Les ronds brisés.

rêtent. Le conducteur passe alors sous les bras des deux dames avec lesquelles il vient de tourner, et s'élance vers la sienne qui vient également de passer sous les bras des cavaliers avec lesquels elle venait de tourner. Les deux cavaliers abandonnés rejoignent les deux dames délaissées et les reconduisent à leur place en valsant ou en polkant.

Lorsque cette figure s'exécute en mazurka, le cavalier conducteur fait passer la dame de gauche sous son bras droit et celui de l'autre dame.

Il fait une promenade avec la dame qu'il a conservée.

De son côté, la dame de l'autre rond fait passer sous les bras le cavalier qu'elle tient de la main droite, et fait une promenade avec son autre cavalier.

Le cavalier et la dame restés seuls se rejoignent et exécutent ensemble une promenade.

17

L'ATTRAPE

Le premier couple part en valse ; la dame conductrice choisit quatre dames et le conducteur cinq cavaliers qu'il place parallèlement aux dames et dos à dos. Les deux lignes se trouvant dans cette position, le cavalier conducteur passe devant le rang des dames ; il frappe du pied et choisit en même temps une danseuse avec laquelle il valse.

Tous les cavaliers se sont retournés au signal et dansent avec la dame qui leur fait vis

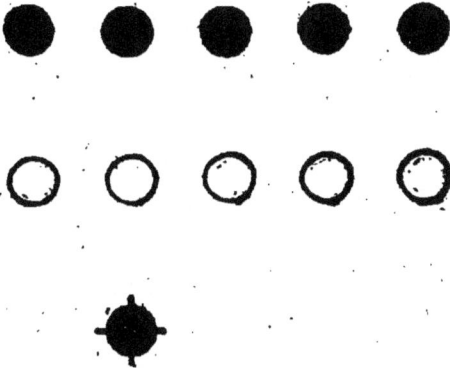

Fig. 14. — L'attrape.

à vis; le cavalier sans dame retourne seul à
sa place.

18

LE JUDAS

Derrière un paravent percé d'une petite fenêtre, les dames sont toutes placées. Chacun à
leur tour, les cavaliers viennent frapper à cette
fenêtre. Si l'une des dames ouvre le judas, elle
doit valser avec le cavalier qui la ramène à sa
place. Le cavalier qui aurait frappé vainement
doit se retirer pour céder sa place à un autre.

19

LE CARROUSEL

Le premier couple part en valsant, le cavalier ayant sur l'épaule gauche une aiguillette légèrement fixée avec une épingle et qu'on peut enlever facilement. Deux couples se mettent à sa poursuite pour lui enlever son aiguilette, sans cesser de valser. Le cavalier qui s'en empare la fixe à son tour sur son épaule gauche et le vaincu est remplacé par un nouveau couple. Lorsque le cavalier poursuivi se trouve fatigué, il n'a qu'à frapper du pied pour que les autres s'arrêtent à l'instant. Si l'un des poursuivants désire s'arrêter, il se fait remplacer par un autre.

L'aiguillette est faite avec un nœud de rubans dont les bouts flottent de 25 à 30 centimètres.

20

LA POUDRE DE RIZ

Un cavalier fait placer sa dame assise au milieu du salon et lui remet une boîte de poudre de riz. Deux cavaliers, présentés ensuite, se mettent à genoux devant la dame qui remet la

boîte au cavalier de son choix, après toutefois
lui avoir poudré la figure ou la tête.

21

LE PETIT MARIÉ

Le premier couple part en promenade ; la
dame fait halte devant le cavalier qu'elle a choisi
et lui couvre la tête d'un grand voile blanc;
puis le cavalier conducteur le couvre de fleurs
d'oranger. Ainsi costumé, le cavalier choisi doit
valser avec la dame conductrice, pendant que le
cavalier conducteur fait danser la dame du petit
marié.

22

LA CORBEILLE

Après avoir valsé, la dame du premier couple

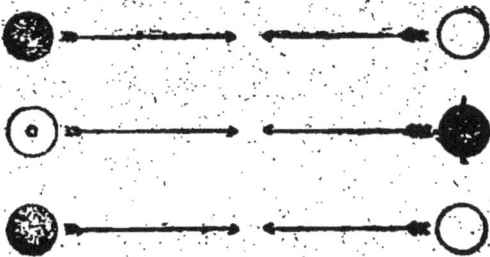

Fig. 15. — La corbeille (A).

choisit deux cavaliers, le cavalier du même

couple deux dames, et l'on forme alors deux lignes de trois personnes, en face l'une de l'autre. Après avoir fait en avant et en arrière, le cava-

Fig. 16. — La corbeille (B).

lier conducteur lève les bras ; les cavaliers qui sont vis à vis avec la dame conductrice passent

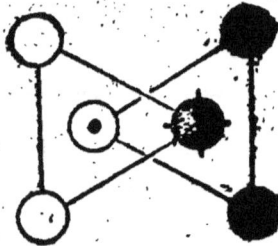

Fig. 17. — La corbeille (C).

dessous sans lui quitter les mains. Puis les deux cavaliers se donnent les mains derrière le con-

COLLECTION A.-L. GUYOT
(20 Centimes)

Série A. — Romans Populaires

ŒUVRES DE PAUL FÉVAL

ŒUVRES DE PAUL FÉVAL FILS

Série B. — Romans d'Aventures
ŒUVRES DE FENIMORE COOPER

ŒUVRES DE MAYNE-REID

Chez tous les libraires : 20 cent. — Par poste : 30 cent.
Franco gare : ajouter 0.60 au prix des ouvrages demandés.

ducteur, de même que les dames se donnent leurs mains derrière la dame conductrice. Une fois dans cette position, le conducteur recule et passe à petits pas sous les bras des deux cavaliers; de son côté, la dame conductrice passe de la même façon sous les bras des dames ; les six danseurs ont alors les bras enlacés.

Sans changer la position relative de chacun, on tourne à gauche. Puis, à un signal donné, toutes les mains se quittent et l'on forme un grand rond qui est brisé à un deuxième signal. Le conducteur danse alors avec sa dame et les autres cavaliers avec la dame de vis-à-vis.

23

LE CHAPEAU

Le premier couple part en dansant. Le cavalier laisse sa dame au milieu du salon et lui remet son chapeau. Tous les cavaliers viennent ensuite former un rond autour de la dame en lui tournant le dos, et marchant très vite du côté gauche.

La dame place le chapeau sur la tête du cavalier qu'elle a choisi et fait avec lui un tour de valse ou une promenade. Les autres cavaliers regagnent leur place.

L. 45   8

24

L'ÉCHARPE

C'est le pendant du *chapeau*. Le cavalier se tient, une écharpe à la main, au milieu d'un rond de dames et doit déposer l'écharpe sur l'épaule de la danseuse qu'il désire. Chaque dame doit être reconduite à sa place par son cavalier qui est venu la prendre.

25

LE JEU DE DOMINOS

Deux jeux de dominos en carton de différentes couleurs sont nécessaires. Les dames reçoivent un jeu d'une couleur et les cavaliers le jeu de l'autre. Après cette distribution, les dames ne doivent danser qu'avec le cavalier porteur du domino dont le nombre forme douze avec le sien, le double-six avec le double-blanc, le double-cinq avec le double-as, etc.

26

LES CHAISES LIBRES

Six chaises sont placées au milieu du salon. Trois couples partent ; les cavaliers font asseoir

leurs dames de deux en deux chaises. Ils vont chercher chacun un cavalier avec lequel ils forment autour des dames un grand rond. A un signal don-

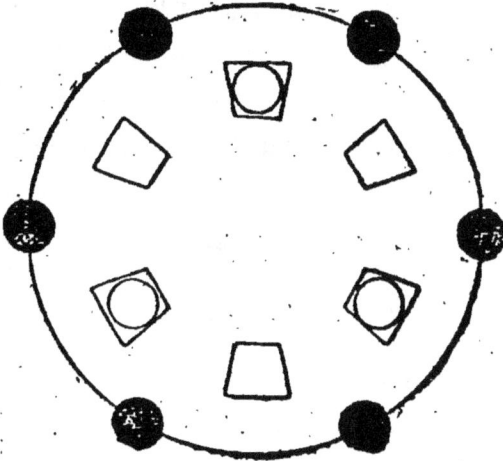

Fig. 18. — Les chaises libres.

né, les cavaliers cherchent à occuper les chaises
libres ; ceux qui y parviennent dansent avec la
dame placée à leur droite ; les trois cavaliers
sans dame retournent à leur place.

27

LE VERRE DE VIN DE CHAMPAGNE

Trois chaises sont placées sur une même ligne;

les deux chaises extrêmes tournées dans un autre sens que celle du milieu. Le premier couple part ; le conducteur fait asseoir sa dame sur la chaise du milieu, lui remet un verre de champagne et va ensuite choisir deux cavaliers qu'il fait asseoir sur les deux chaises restées libres. La dame donne le verre à un de ces cavaliers, qui doit le boire, et s'en retourne à sa place avec l'autre.

28

LES PONTS

Tous les couples se mettent en promenade, le conducteur en tête. Celui-ci s'arrête et lève les bras pour laisser passer dessous les autres couples. Chaque couple ayant passé et se trouvant ainsi à la tête de la promenade, forme à son tour le pont. Les autres couples l'imitent. Le couple conducteur, revenu en tête, exécute une nouvelle promenade, suivi de tout le monde, puis chacun ramène sa danseuse à sa place, en valsant.

29

LES GAGES

Le premier couple part en valsant. Le cavalier

remet à sa dame un chapeau ou un petit panier
qu'elle va présentrer à plusieurs dames en les
engageant à y déposer un objet quelconque, une
bague, un éventail, un mouchoir, un gant, etc.
Elle offre ensuite le chapeau à plusieurs cavaliers
qui prennent un des objets, et vont chercher la
dame à laquelle il appartient pour la faire danser. Plusieurs couples peuvent exécuter cette
figure en même temps.

30

LE FROU-FROU

Sur l'un des côtés du salon, plusieurs cavaliers
se placent en ligne. Le cavalier conducteur remet à sa dame un oiseau appelé frou-frou, que
celle-ci, placée en face des cavaliers, leur lance
à la tête. Le cavalier qui le rattrape danse avec
la dame conductrice.

31

LES QUATRE BALLONS

Huit ou dix cavaliers se tiennent par les
mains, en rond, à genou, au milieu du salon.
Quatre dames, placées aux quatre coins, lancent

chacune au milieu du centre un ballon différent
de couleur ; les cavaliers qui ont pu s'emparer
des ballons dansent avec les dames qui les ont
jetés. Jusqu'au signal d'arrêt, les autres cavaliers
restent réunis au milieu du salon.

32

LES PETITS RONDS

Quatre couples partent en valsant. Chaque
cavalier choisit un cavalier et tous se placent les
uns derrière les autres, deux par deux. Les
dames agissent de même avec quatre autres
dames et se placent devant les cavaliers. Les
deux premiers cavaliers font un rond avec les
deux premières dames. Une fois le tour fini, les
cavaliers font passer les dames sous leurs bras
levés et viennent faire un autre rond avec les
dames suivantes. De leur côté, les deux premières dames font un autre rond avec les deuxiè-
mes cavaliers, puis avec tous les autres jusqu'au
dernier.

Quand tous les ronds sont finis, les premiers
cavaliers se placent en lignes, les deux suivants,
puis les troisièmes et les quatrièmes se rangent
de chaque côté ; les dames se sont également

placées en lignes. Les danseurs font alors en avant et en arrière, puis, les deux lignes allant

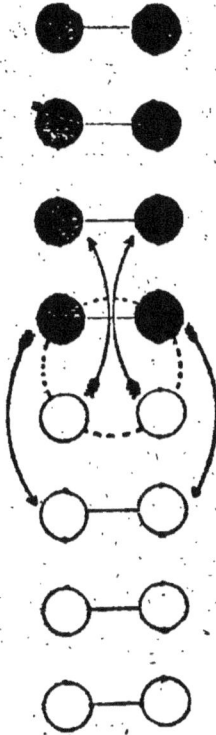

Fig. 19. — Les petits ronds.

l'une vers l'autre, chaque cavalier danse avec la dame qui lui fait vis-à-vis.

33

LES DAMES TROMPÉES

Après avoir valsé, le cavalier du premier couple prend sa dame par la main, se promène autour du cercle et feint d'inviter à danser plusieurs dames en s'approchant d'elles. Au moment où la dame se lève pour accepter, il se retourne et va s'adresser à une autre pour continuer ce jeu jusqu'à ce qu'il ait fait un choix définitif. Le cavalier de la dame choisie danse avec la dame conductrice.

34

LES TABLIERS

Deux dames sont assises par leurs cavaliers en face l'une de l'autre ; elles reçoivent chacune un petit tablier roulé. Deux cavaliers nouveaux leur sont ensuite présentés à chacune ; celui qui réussit le plus vite à mettre le tablier danse avec la dame ; leurs deux cavaliers en retard valsent ensemble.

35

LES COUPLES REFUSÉS

Départ du premier couple. Le cavalier conducteur met un genou en terre au milieu du salon. Sa dame va choisir dans le cercle plusieurs couples qu'elle lui présente et qu'il refuse successivement. Les couples se mettent en colonne derrière le cavalier agenouillé qui se décide à choisir une dame. Cette dame est ramenée par le cavalier conducteur à son cavalier, resté devant la colonne, et qui la reconduit à sa place. Le conducteur danse successivement avec chaque dame et quand tous les couples ont regagné leurs places, il retrouve sa dame réfugiée derrière la colonne, et qu'il reconduit à son tour.

36

LES CAVALIERS DOS A DOS

Tous les danseurs forment un grand rond. Après un tour, les cavaliers restent au milieu et se mettent dos à dos en se tenant par les mains; les dames, restées dans la position du rond ordinaire, se donnent également les mains. Puis, à un signal, les dames reculent, les cavaliers avancent ; le rond se trouve agrandi. Ensuite on le rétrécit. Le rond se développe une dernière fois et les danseurs tournent tous sur leur gauche. A un nouveau signal, chaque cavalier danse avec la dame qui se trouve en face de lui.

37

LE TIMBRE D'APPEL

Sur un petit guéridon, au milieu du salon, on place un petit timbre d'appel. Tous les cavaliers sont pourvus de numéros distribués par la dame conductrice. Le cavalier conducteur amène alors une dame qui frappe sur le timbre le nombre de coups qu'il lui plaît. Le cavalier, dont le numéro correspond au nombre de coups frappés, danse avec cette dame.

38

LE MOULINET A GENOUX

Quatre couples quittent le cercle et se mettent en place comme pour le quadrille croisé; les cavaliers, mettant un genou en terre, font tourner les dames autour d'eux, sans abandonner leurs mains. Les dames se donnent ensuite les mains droites et forment un moulinet. Puis elles vont donner la main gauche aux cavaliers qui leur font vis-à-vis et autour desquels elles se mettent à tourner. Elles reviennent enfin former le moulinet et s'en vont rejoindre leurs cavaliers qui

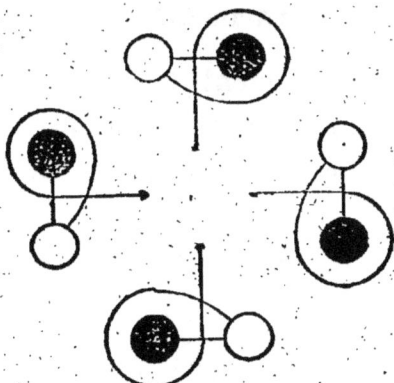

Fig. 20. — Le moulinet à genoux.

se redressent et les font valser jusqu'à leur place.

39

LA CHASSE AUX MOUCHOIRS

Plusieurs couples partent en valsant ; les dames sont laissées par leurs cavaliers au milieu du salon, pendant que ceux-ci vont prendre d'autres cavaliers pour former un grand rond autour des dames auxquelles ils tournent le dos. A un signal donné, les dames jettent leurs mouchoirs en l'air et dansent avec les cavaliers qui les ont attrapés.

40

LE TRIANGLE

Trois couples partent ensemble en dansant. Chaque cavalier se cherche un autre cavalier, et chaque dame une autre dame. Les dames se

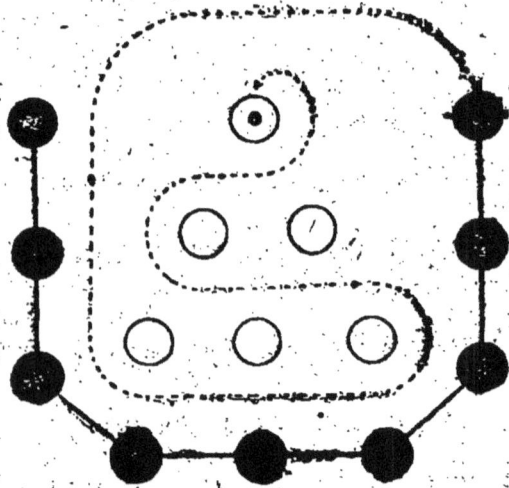

Fig. 21. — Le triangle.

placent sur trois rangs, formés : le premier d'une dame, le second de deux et le troisième de trois. Ainsi placées, elles occupent les sommets et les milieux des côtés d'un triangle. Tous les cavaliers, se prenant par la main, forment une chaîne libre.

Le conducteur entraîne les autres cavaliers et passe en courant derrière les trois dernières dames ; puis il les conduit en zigzag dans l'intérieur du triangle, en faisant serpenter autour des dames la chaîne des cavaliers. Lorsqu'il arrive devant la dame placée au sommet du triangle, il frappe des mains et chacun emmène la dame qu'il a en face de lui. Les cavaliers sans danseuses retournent seuls à leurs places.

41

LE PORTIER DU COUVENT

Le premier couple part en valsant. Le conducteur choisit dans le cercle plusieurs dames qu'il conduit, avec la sienne, dans une pièce attenant au salon et dont on laisse la porte entrebaillée. Chaque dame prononce à voix basse le nom d'un cavalier, que le conducteur répète à haute voix, afin que le cavalier désigné vienne faire danser la dame qui l'a appelé. Le cavalier conducteur doit se réserver une des dames pour lui.

Cette figure peut être aussi dirigée par la dame conductrice qui enferme alors les cavaliers choisis, et appelle les dames par ceux-ci désignées.

42

LES PRÉNOMS

On distribue des cartes blanches et des crayons à plusieurs dames et on les invite à y écrire leurs prénoms ou leurs initiales. Le cavalier conducteur recueille toutes ces cartes et les donne à des cavaliers qui vont chercher la dame dont le nom correspond à celui que porte leur carte.

43

LE TAPIS MYSTÉRIEUX

Le premier couple part. Tous les cavaliers vont se ranger derrière un tapis de table que deux personnes tiennent déployé, et font passer par-dessus le tapis l'extrémité de leurs doigts qu'une dame, placée de l'autre côté, doit prendre. Elle désigne ainsi son danseur.

44

LE MOULINET AUGMENTÉ

Quatre couples partis ensemble se placent en moulinet. Au centre, les dames se donnent la main droite et donnent la main gauche à leurs cavaliers. Chaque dame appelle un cavalier qui vient lui donner la main gauche; les nouveaux cavaliers appellent à leur tour de nouvelles dames qui se placent également en rayon.

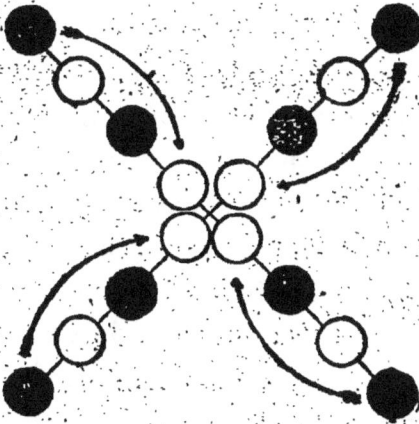

Fig. 22. — Le moulinet augmenté.

Lorsque chaque branche du moulinet compte quatre personnes, le conducteur donne un signal; alors les cavaliers qui sont au bout des rayons, sans quitter leur danseuse de droite, viennent offrir leur main gauche à la dame qui se trouve la première sur la ligne. Il se forme ainsi quatre ronds de quatre personnes qui, à un deuxième signal, se séparent en huit couples, chaque cavalier dansant avec la dame placée à sa droite.

45

LES ÉCHARPES EN CROIX

Quatre couples valsent en même temps; les cavaliers se placent ensuite dans les quatre coins du salon, prennent les bouts de deux grandes écharpes liées par le milieu. Les dames, ayant choisi chacune un danseur, se placent devant leur premier cavalier et dansent entre deux branches de la croix formée par les écharpes. Les cavaliers, tenant les bouts des écharpes, tournent lentement autour du salon. Quand ils on fait un tour, un signal est donné; les cavaliers choisis par les dames, prennent à leur tour les écharpes, et les cavaliers délivrés reconduisent leurs dames à leurs places en dansant. Quatre nouvelles dames les remplacent et, après avoir changé de danseur, sont ramenées à leur place par leur cavalier. Ainsi de suite.

46

L'ÉVENTAIL

Trois chaises sont placées sur une même ligne,

au milieu du salon. Les deux chaises extrêmes
sont tournées dans le sens contraire de celle du
milieu. Le premier couple part; le cavalier fait
asseoir sa dame sur la chaise du milieu et lui
remet un éventail. Puis, il va chercher deux
autres cavaliers qui viennent s'asseoir sur les
deux chaises libres. La dame offre l'éventail à
l'un des deux cavaliers et retourne à sa place en
dansant avec l'autre. Le cavalier porteur de
l'éventail est tenu de suivre le couple qui valse
et de l'éventer en sautant à cloche-pied.

47

LA PRÉSENTATION DES CAVALIERS

Le premier couple part en valsant; la dame
s'assied au milieu du salon et son cavalier lui
présente plusieurs danseurs qui se placent à la
file, derrière elle. Lorsqu'elle a choisi celui qu'elle
désire pour danser, les autres s'appuient mutuellement sur les épaules de celui qui le précède et
suivent à cloche-pied le couple valsant.

48

LES MIRLITONS

Après avoir valsé, le premier couple se sépare;

la dame s'assied et son cavalier lui amène deux
danseurs qui se mettent à genoux devant elle;
chacun d'eux joue un air sur un mirliton qui lui
est donné. La dame danse avec le cavalier qui a
le mieux joué du mirliton.

49

LES GRACES

Deux couples partent en valsant; puis ils se séparent; les dames vont chercher chacune deux
cavaliers et les cavaliers chacun deux dames; la

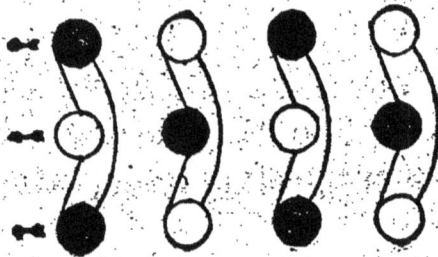

Fig. 23. — Les grâces.

première se place entre le cavalier placé à sa
droite à qui elle donne la main droite, et le cavalier de gauche à qui elle donne la gauche. Les
mains libres des cavaliers se rejoignent derrière
la dame, comme dans la position connue des trois

Grâces. Le cavalier de la première dame forme derrière elle le même groupe avec deux dames à ses côtés, et les deux autres groupes répètent ces deux positions de manière à former quatre lignes assez rapprochées.

On fait alors une promenade autour du salon et à un signal donné, la première et la troisième ligne se retournant, chacun danse avec la personne qui lui fait vis-à-vis.

50

LES AIGUILLES

Après quelques tours de valse, le cavalier fait asseoir sa dame et lui donne une pelote munie de plusieurs grosses aiguilles à tapisser et de quelques bouts de laine. Deux cavaliers lui sont ensuite présentés; le plus habile à enfiler son aiguille valse avec la dame qui confie sa pelote à l'autre cavalier.

51

LES RUBANS

Une dizaine de couples tenant chacun un bout de ruban d'un mètre cinquante de longueur, les cavaliers de la main gauche et les dames de la main droite, partent en valsant et font plusieurs fois le tour du salon. Le couple conducteur est en tête. A un signal donné par le cavalier, tous les couples, se tenant seulement par les bouts de ruban, suivent les uns derrière les autres et défilent sous les arcades, les berceaux, les ponts, etc., formés par le conducteur.

Il est possible à un bon conducteur de varier à l'infini cette figure gracieuse.

52

LA MER AGITÉE

Deux rangs de chaises sont placées, adossées les unes aux autres au milieu du salon. Le premier couple part. S'il y a douze chaises, le conducteur choisit six dames y compris la sienne, et les fait asseoir de deux en deux chaises. Il va ensuite former avec six autres cavaliers une chaîne qu'il conduit rapidement à travers le salon et dont il finit par envelopper les rangs des chaises où se trouvent les dames. A un moment donné, il s'assied et tous les cavaliers doivent s'asseoir au même instant, puis valser avec la dame qui se trouve à leur droite. Le cavalier, resté sans dame, doit se résigner à retourner seul à sa place.

53

L'ORACLE

La dame du cavalier conducteur est pourvue d'un *Oracle*, petit livre sur les feuillets duquel sont écrites les réponses : « Merci, je ne danse pas, — Avec plaisir, Monsieur, — Plus tard, — J'accepte, etc. » Le cavalier conducteur présente à sa dame plusieurs cavaliers qui viennent l'inviter à danser. L'oracle répond pour la dame. Les cavaliers ont soin de piquer avec une épingle dans le feuillet du livre qui donne une réponse d'après laquelle le cavalier danse avec la dame, ou bien se retire pour céder la place à un autre.

54

LE CAVALIER SURPRIS

Cinq couples, chaque cavalier ayant la dame à sa droite, viennent se placer en rang, deux par deux, au milieu du salon. Seul, le premier cavalier reste en tête et ne doit regarder ni à droite, ni à gauche; sa dame choisit parmi les couples alignés un monsieur et une dame qui se séparent et doivent se rejoindre devant le cavalier seul en marchant légèrement de chaque côté des lignes. Si le conducteur peut saisir la dame au passage, il valse avec elle, et le cavalier surpris doit le remplacer en tête des couples, jusqu'à ce qu'il ait saisi une autre dame; le dernier cavalier et la dernière dame dansent ensemble.

55

LE BERCEAU OU LA VOUTE RONDE

Quatre couples partis ensemble, vont former un rond général au milieu du salon. Les dames et les cavaliers se retournant alors, se trouvent dos à dos, sans se quitter les mains. Quatre nouveaux couples partent et forment un rond autour du premier, mais sans se retourner. Lorsque les danseurs se trouvent vis-à-vis les uns des autres, les cavaliers se donnent les mains en dessus et les dames en dessous. Les dames, sans se quitter les mains, parcourent rapidement et à gauche, l'issue circulaire fournie par les bras haut levés des cavaliers. A un signal donné, les cavaliers abaissent ensemble leurs bras pour arrêter les dames qui se trouvent vis-à-vis d'eux et les faire valser. Cette figure peut être exécutée par un plus grand nombre de couples.

56

LES TERMINAISONS

Autour de la dame du premier couple, laissée au milieu du salon, plusieurs cavaliers viennent se placer en rond ; la dame jette son mouchoir à l'un des cavaliers et prononce en même temps la première syllabe d'un mot que le cavalier doit compléter. S'il ne trouve pas, il se retire, et la dame recommence jusqu'à ce que la terminaison d'un mot soit trouvée par un cavalier qui la fera ensuite danser. (Les noms propres sont interdits).

57

LE ROND COUPÉ

Toutes les personnes du cotillon forment un grand rond, les cavaliers d'un côté les dames de l'autre, et le cavalier conducteur ayant sa dame à sa droite. Après un tour en rond, le premier couple le romp dans le milieu en passant entre le dernier couple qui lève les bras ; puis il se sépare,

le cavalier tournant à gauche et la dame à
droite, suivis tous les deux par les cavaliers et les
dames qui les avaient suivis. A leur rencontre,
ils valsent et retournent à leur place, tandis que

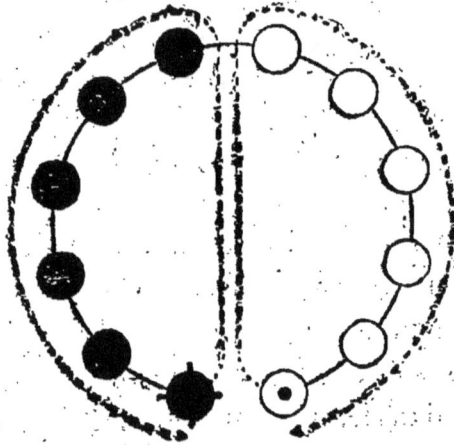

Fig. 24. — Le rond coupé.

le second cavalier et la seconde dame coupent à
leur tour le rond. Cette figure est continuée jusqu'à ce que le rond soit épuisé.

58

LES QUATRE COINS

On place quatre chaises au milieu du salon à
des distances marquées pour figurer les quatre

coins. Après avoir fait valser sa dame, le premier cavalier la fait asseoir sur une des chaises et prend les trois dames suivantes qui viennent occuper les trois autres chaises, tandis qu'il reste debout, au milieu, comme pour le jeu des quatre coins; on exécute les changements du jeu, non plus en courant, mais en se tenant par les mains pour changer de chaises. Quand le cavalier est parvenu à s'emparer de la chaise d'une dame, il danse avec cette dame. Un autre cavalier et une autre dame viennent aussitôt remplacer le couple parti. Quand le dernier cavalier a pris la place de l'une des quatre dernières dames, les cavaliers des trois restante doivent venir les prendre pour les reconduire à leur place en dansant.

59

LES QUATRE CHAISES

Quatre chaises sont placées au milieu du salon et disposées comme pour les quatre coins. Quatre couples partent en dansant et viennent se placer chacun derrière une des quatre chaises. A un signal donné, les quatre couples dansent autour de la chaise devant laquelle ils se trouvent et passent à la suivante, en allant toujours à droite.

Il est nécessaire que cette figure soit faite avec ensemble pour éviter aux danseurs de s'entre-choquer. Chacun regagne ensuite sa place en valsant ou en polkant.

60

LES CHAPEAUX NORMANDS

Après avoir valsé, le cavalier conducteur remet à sa dame deux bonnets de coton déroulés ; deux cavaliers lui sont ensuite présentés auxquels elle donne les bonnets ; celui qui se coiffe le premier danse avec la dame.

61

LE PARAPLUIE

Huit petites ombrelles de différentes couleurs sont distribuées par la dame conductrice à huit dames du cercle. Au milieu du salon, le cavalier-conducteur ouvre un grand parapluie orné de huit bouts de ruban correspondant aux couleurs des ombrelles. Le parapluie est mis en mouve-ment, tournant de manière à faire flotter les ru-bans. Les cavaliers qui attrapent les rubans dan-sent avec la dame dont l'ombrelle est de même couleur.

62

LA VALSE EN ZIGZAG

Huit couples, assez séparés les uns des autres,

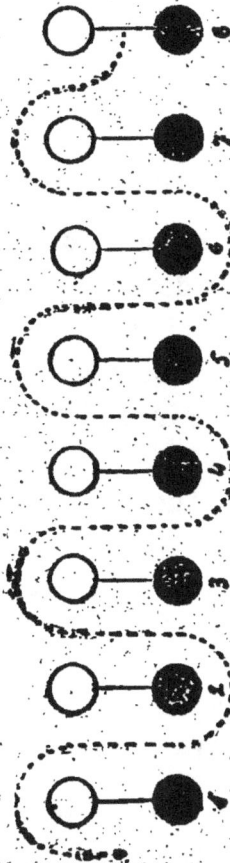

Fig. 25. — La valse en zig-zag.

partent en promenade. A un signal donné, tous

s'arrêtent. Le couple n° 8 passe alors entre tous les couples, en exécutant une valse en zigzag. Lorsqu'il est arrivé à la place du n° 1, le n° 7 répète la même figure; les autres couples font de même. Quand la figure est finie, nouvelle promenade pour retourner à sa place.

63

LE MIROIR

Le premier couple part en valsant; le conducteur fait asseoir sa dame sur une chaise, au milieu du salon, et lui donne une petite glace à main. Plusieurs cavaliers défilent ensuite derrière elle et s'arrêtent un instant, laissant refléter leur visage dans le miroir. Si la dame ne veut pas danser avec le cavalier qu'elle reconnaît, elle essuie la glace avec son mouchoir. Sinon, elle se lève et valse avec le cavalier choisi.

64

LA POMME D'OR

Sept ou huit cavaliers sont placés en ligne sur l'un des côtés du salon et faisant face au mur, la dame conductrice se tient à l'autre extrémité de

la pièce, une pomme d'or à la main. A un signal
donné, tous les cavaliers se retournent et vont
vers la dame qui peut, à son choix, laisser
prendre la pomme par un des cavaliers ou la jeter simplement.

Le cavalier qui a pu s'en saisir valse avec la
dame tandis que tous les autres marchent, deux
par deux, derrière eux.

65

LES RONDS JUMEAUX

Le premier couple conducteur part en dansant.
Puis le cavalier choisit six dames qu'il fait placer en rond autour de lui. De son côté, la dame
conductrice a choisi le même nombre de cavaliers dont elle s'entoure de la même façon, Les
deux ronds tournent sur la gauche très vivement.

A un signal donné, la dame et le cavalier
choisissent dans le cercle qui les entoure chacun
une personne de façon à former deux couples
qui partent en valsant. Les cavaliers et les dames
restant se placent sur deux lignes en face et
s'élancent les uns vers les autres, pour danser
avec leur vis-à-vis.

66

LES SONNETTES

Sur un guéridon, au milieu du salon, sont placées une grande sonnette et douze plus petites qui l'entourent. Ces petites sonnettes sont distribuées aux dames, après un tour de valse. Le cavalier conducteur invite alors un cavalier à faire tinter la grande sonnette. Si une dame répond, le cavalier valse avec cette dame. Si personne ne répond, le cavalier conducteur cède sa dame au cavalier qui a appelé vainement, et s'en retourne seul à sa place.

67

LES CISEAUX

Six couples partent en valsant. A un signal donné, ils forment un moulinet de quatre branches, six cavaliers sur la même ligne, et six dames transversalement placées ; les cavaliers du centre se donnent la main droite, et les dames du centre la main gauche, de manière à ce que chaque branche de cavaliers soit face à une branche de dames.

Les cavaliers avancent alors vers les dames, les saluent et reculent à leurs places ; les dames font le même mouvement. A un signal donné, les danseurs exécutent un demi-tour et dansent avec

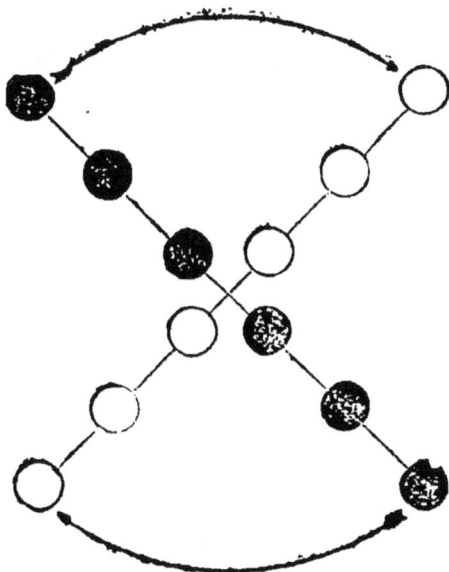

Fig. 26. — Les ciseaux.

leurs vis-à-vis précédemment dos à dos. Le mouvement des lignes allant en avant et en arrière doit être fait avec ensemble, afin de bien simuler les branches de ciseaux qui s'ouvrent et se referment.

68

VERRE D'EAU ET BISCUIT

Trois chaises sont placées au milieu du salon; sur celle du milieu s'assied la dame du conducteur. Sur les deux autres chaises, tournées en sens opposé, deux cavaliers sont invités à s'asseoir. La dame donne à l'un un verre d'eau et à l'autre un morceau de biscuit. Le premier des deux qui a plutôt fini de manger ou de boire invite la dame et la fait valser.

69

LES FAUX NEZ

Dix ou douze cavaliers sont pourvus de faux nez numérotés. La dame conductrice fait tourner la roue d'un tourniquet placé au milieu du salon, et sur lequel sont tous les numéros correspondant aux faux nez délivrés aux cavaliers. Le numéro sorti désigne le cavalier de la dame qui a tourné le tourniquet. Les cavaliers doivent garder leur faux nez jusqu'à la fin de la figure, le même numéro sorti plusieurs fois pouvant les appeler à servir de cavalier à plusieurs dames.

COLLECTION A.-L. GUYOT
(20 Centimes)

Série D. — Œuvres Comiques, Galantes, etc.

BIBI-TAPIN (Contes d'un petit pioupiou)

Chez tous les libraires: 20 cent. — Par poste : 30 cent.
Franco gare : ajouter 0.00 au prix des ouvrages demandés.

Chez tous les libraires : 20 cent. — Par poste : 30 cent.
Franco gare : ajouter 0.60 au prix des ouvrages demandés.

70

LES QUATRE COINS TOURNÉS

Quatre couples partent ensemble en valsant. Pendant que les quatre dames vont occuper les quatre coins du salon, les cavaliers vont chercher chacun un cavalier et viennent à huit faire un rond autour d'une dame. La dame choisit un cavalier, et le rond des sept cavaliers restants va tourner autour d'une autre dame qui choisit un autre cavalier. Un autre rond à six, puis un autre rond à cinq, sont faits successivement autour des deux dernières dames ; et les quatre cavaliers restant tournent au milieu du salon, pendant que les couples formés valsent autour d'eux.

71

LE ROND TROMPEUR

Le premier couple part en dansant. Puis le cavalier conducteur va choisir trois dames, qu'il place avec la sienne, comme pour le jeu des quatre coins. Il va choisir ensuite quatre cavaliers et tourne avec eux en rond très vive-

ment, dans le carré formé par les quatre dames.
A un signal donné, le rond est brisé, chaque cavalier s'élance vers une dame et danse avec celle qu'il a pu rencontrer. Le cavalier resté seul s'en retourne à sa place.

72

MOULINET Nº 1

Exécuté par quatre couples. Les cavaliers donnent la main droite à leur dame, et se donnent la main gauche. Dans cette position, ils font un tour, puis chaque dame avance d'un cavalier. Exécution d'un nouveau tour suivi d'un changement de cavalier; et ainsi de suite jusqu'à ce que chaque dame ait retrouvé son cavalier.

73

MOULINET Nº 2

Huit couples forment ce moulinet; les cavaliers du centre donnent la main droite à leur dame et se donnent la main gauche; les couples impairs 1, 3, 5 et 7, dansent dans l'espace compris entre les ailes du moulinet, tandis que les autres s'avancent lentement.

A un signal donné, les danseurs s'arrêtent, formant le moulinet et permettant ainsi aux quatre couples de valser à leur tour.

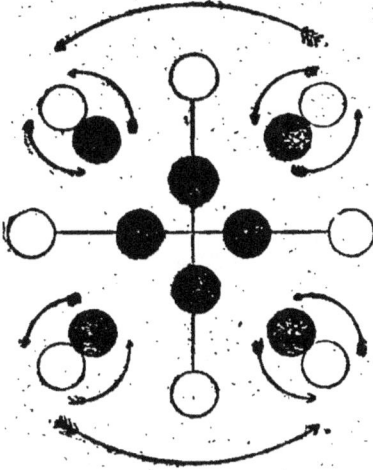

Fig. 27. — Le moulinet n° 2.

Le moulinet est rompu à un deuxième signal, après lequel chacun retourne à sa place, toujours en valsant.

74

MOULINET N° 3

Quatre couples se sont placés en moulinet. Au milieu, les dames se donnent la main droite et donnent la main gauche à leurs cavaliers. Dans cette position, ils font un tour, puis les cavaliers font en arrière, les dames en avant et changent ainsi de place. Les cavaliers se trouvent alors au milieu, et le moulinet fait un nouveau tour en sens inverse. A un signal donné, le moulinet est rompu ; chacun retourne à sa place en valsant.

75

MOULINET N° 4

Quatre couples partent en valsant, puis se séparent. Chaque cavalier va occuper un coin du salon, pendant que les dames, au milieu, font un moulinet. Après avoir fait deux tours, les dames vont donner la main gauche à leurs cavaliers et les remplacent aux quatre coins du salon. Nouveau moulinet formé par les cavaliers qui tournent rapidement jusqu'à un signal donné, après lequel chacun s'élance vers la dame la plus proche et valse avec elle.

76

MOULINET N° 5

Les quatre couples s'étant placés comme pour

un quadrille croisé, les dames quittent leurs cavaliers et vont, en se donnant la main droite, former un moulinet, tandis que les cavaliers exécutent autour une promenade dirigée sur leur droite. Après un tour complet, qui a ramené chaque danseur à sa place, les cavaliers prennent place au moulinet après avoir fait un tour de main-gauche avec leurs dames. Promenade répétée par les dames autour des cavaliers. Lorsque de nouveau, chacun est à sa place, les dames font un tour de main-gauche avec leurs cavaliers et chaque couple finit la figure en valsant.

77

LES PETITS MAGICIENS

Après un tour de valse, le cavalier du premier couple fait asseoir sa dame et place devant elle deux petites poupées, au chapeau pointu ; puis il va choisir deux cavaliers qui se placent sur un pied devant chacune de ces poupées, et doivent, à un signal donné, les enlever avec les dents. Le premier qui réussit danse avec la dame. Si les deux premiers cavaliers ont posé les deux pieds ou les mains à terre, ils sont remplacés par d'autres et reviennent à leurs places.

78

NOIRE ET BLANCHE

Après avoir valsé, le cavalier du premier couple remet à sa dame une boule noire et onze boules blanches, contenues dans un sac. Douze cavaliers sont ensuite invités à retirer une boule du sac. Celui qui sort la noire valse avec la dame, tandis que les autres cavaliers forment autour d'eux un rond limitant leur danse

79

LES PIÈCES COUVERTES

Le premier couple part en valsant; le cavalier conducteur fait asseoir sa dame sur un côté du salon. Il jette ensuite à terre deux pièces de monnaie que deux cavaliers désignés doivent cacher sous leur pied droit. De ces cavaliers, se donnant les mains, l'un d'eux doit parvenir à couvrir les deux pièces. Il peut alors valser avec la dame qui est restée sur sa chaise.

80

LE CHAPEAU FUYANT

Deux couples partent en valsant. Le cavalier

conducteur tient derrière lui, de la main gauche, un chapeau dont il a soin de présenter l'ouverture au deuxième cavalier, qui doit y jeter une paire de gants roulée. Si ce deuxième cavalier réussit, il prend le chapeau et remet les gants à l'autre cavalier, qui recommence le même jeu, tout en valsant.

Entre bons danseurs, cette figure se prolonge quelquefois et fait naître une foule de détours et d'incidents.

81

LA COURSE A CLOCHE-PIED

Quatre ou cinq cavaliers sont placés, par le cavalier-conducteur, sur une même ligne, à l'extrémité du salon ; la dame conductrice place trois dames, qu'elle a choisies, en ligne, à l'autre côté du salon. Puis, à l'aide d'une longue écharpe dont ils tiennent chacun un bout, le cavalier-conducteur et sa dame alignent les cavaliers qui se mettent sur un pied. A un signal donné, l'écharpe est tirée ; les cavaliers partent à cloche-pied vers les dames ; les premiers arrivés les font danser.

82

LES CARRÉS DE MAHONIS

Quatre couples étant en position comme pour le quadrille croisé, deux couples se faisant vis-à-vis avancent l'un vers l'autre; les cavaliers font, avec la dame de leur partenaire, un tour des deux mains, et finissent avec cette dame à la place des couples de gauche. Les cavaliers de la

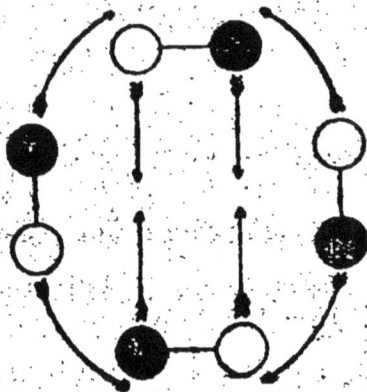

Fig. 28. — Les carrés de Mahonis.

contre-partie quittent leurs dames et viennent faire, à la place des premiers cavaliers, un tour des deux mains avec la dame de leur vis-à-vis.

Dans cette marche d'ensemble des quatre couples, les dames sont toujours à droite. Lorsque la figure a été répétée quatre fois, chacun retourne à sa place. On termine alors par une valse ou une promenade.

83

LES RONDS DOS À DOS

Toutes les dames du cercle font un grand rond, en tournant à gauche. Tous les cavaliers font un autre rond, mais à l'envers et plus grand, de façon à entourer les dames. Les cavaliers se trouvant ainsi, dos à dos avec les dames, tournent à gauche. A un signal donné, chacun se retourne et valse avec son vis-à-vis.

Les ronds dos à dos sont dansés vers la fin du cotillon.

84

LE DAIS

Quatre cavaliers, choisis par le conducteur, tiennent les quatre coins d'un tapis de table qu'ils maintiennent très haut. Le cavalier conducteur désigne alors un couple du cercle, qui doit valser sous le dais pendant que les cavaliers porteurs vont très lentement à travers le salon.

85

LES BOURRELETS

Après quelques tours de valse, la dame du premier couple est assise au milieu du salon. A côté d'elle sont déposés, dans un panier, plusieurs bourrelets d'enfant et un bonnet de bonne. Le cavalier conducteur lui présente plusieurs cavaliers à qui elle donne, successivement, des bourrelets et un sucre d'orge, si elle ne les veut pas comme danseurs. Ces cavaliers refusés se mettent à genoux, sans aucun ordre, dans le salon. Le cavalier choisi par la dame se coiffe du bonnet de bonne et valse à travers les cavaliers-bébés à genoux. Si la dame assise a épuisé les bourrelets sans faire choix d'un cavalier, c'est le cavalier conducteur qui lui servira de valseur.

86

LES DÉCORATIONS

Le cavalier conducteur donne des décorations en ruban.à toutes les dames ; la dame conductrice distribue des cocardes en nombre égal, aux cavaliers. Les cavaliers se lèvent et vont échan-

ger leurs cocardes avec les dames qui portent les
décorations de même couleur, puis valsent ensemble.

87

LE CLOWN

Après avoir valsé, le cavalier fait asseoir sa
dame, puis il place devant elle, au milieu du
salon, un petit clown en bois coiffé d'une perru-
que qui cache un crochet. Un cavalier se présente, muni d'une ligne ayant un anneau au lieu
d'hameçon, et doit, après trois essais, enlever le
clown par le crochet. Il danse avec la dame s'il
y parvient; sinon il cède la ligne à un autre cavalier.

88

LA BOUGIE

Le premier cavalier remet à sa dame un bougeoir fixé au bout d'un bâton. Plusieurs cavaliers
viennent ensuite chercher à éteindre la bougie
en soufflant dessus. La dame ne laisse souffler
que le cavalier de son choix. Pour tous les autres, elle élève vivement le bougeoir.

89

LE COLIN-MAILLARD

On place, au milieu du salon, trois chaises dont les extrêmes sont tournées en sens inverse de celle du milieu. Un cavalier, les yeux bandés, s'assied sur la chaise du milieu. La dame conductrice amène alors avec elle un cavalier qu'elle fait asseoir à droite ou à gauche du cavalier aux yeux bandés, tandis qu'elle-même s'assied sur la chaise restée libre. Le cavalier du milieu choisit à droite ou à gauche et danse avec la personne qui s'y trouve. S'il tombe du côté du cavalier, le conducteur valse alors avec sa dame.

90

LA MAIN POSTICHE

Le cavalier conducteur enferme toutes les dames dans une pièce adjacente au salon ; elles montrent le bout des doigts en entr'ouvrant la porte, tandis que la dame conductrice présente, parmi les doigts des dames, ceux d'une main factice qu'elle tient elle-même. Le conducteur désigne alors des cavaliers qui viennent choisir une des mains et danser avec la dame qu'ils ont ainsi appelée. Le cavalier qui tombe sur la main postiche doit valser tout seul.

91

LES DEUX LIGNES

Six couples, après une promenade, forment deux lignes se faisant face, les cavaliers d'un côté, les dames de l'autre. Les deux lignes font en avant et en arrière, puis chacun exécute avec sa dame un tour de main-droite et retourne à sa place en faisant face au mur. Les deux lignes se trouvant ainsi dos à dos vont en arrière et en avant, puis exécutent un demi-tour, et chacun valse avec la dame qui lui fait face.

92

LE BILBOQUET

Le premier couple part en valsant, puis se sépare. La dame conductrice, accompagnée de son cavalier, offre, à l'un des cavaliers du cercle, un bilboquet portant un gobelet à la place ordinaire de la tige. Si, en un seul coup, le cavalier parvient à mettre la boule dans le gobelet, il fait

valser la dame conductrice. Le conducteur fait
danser sa dame.

93

LE ROND DIMINUÉ

On danse cette figure vers la fin du cotillon.

Un grand rond est formé par tous les couples
du cercle, au milieu duquel valsent le cavalier
conducteur et sa dame. Ces derniers se séparent
et vont choisir dans le rond une dame et un cavalier avec qui ils valsent. Puis, à un premier
signal, le cavalier conducteur et sa dame sortent
du cercle, laissant le cavalier et la dame qui restent au milieu choisir à leur tour une dame et un
cavalier dans le rond des danseurs. Ce cavalier
et cette dame valsent comme les premiers, puis
se retirent ; ainsi de suite, jusqu'à ce qu'il ne
reste plus que trois ou quatre couples. Le rond
est alors brisé, chaque cavalier reconduisant sa
dame à sa place en valsant.

94

LES COUSSINS RENVERSÉS

Après un tour de valse, le cavalier conducteur
fait asseoir sa dame au milieu du salon, et place

devant elle, à une certaine distance, deux coussins renversés. Puis il lui présente deux cavaliers qui doivent retourner les coussins en les prenant entre les deux pieds et les faisant sauter.

Le premier cavalier qui réussit fait valser la dame conductrice.

95

LA DEVINETTE

Un monsieur ayant les yeux bandés est conduit par le cavalier du premier couple, devant chaque dame. Cette dame présente au cavalier ayant les yeux couverts, des objets qu'il doit toucher du bout du doigt seulement, et dont il doit deviner la nature. S'il devine, il valse avec la dame qui lui a présenté l'objet. Sinon, on lui pose l'objet sur les épaules ou sur la tête, et il doit recommencer la devinette, jusqu'à ce qu'il soit impossible de rien placer sur lui. A ce moment, il est conduit au milieu du salon où il se met à genoux et doit être dépouillé de tous les objets qui le chargent, par les cavaliers qui vont les remettre à leurs dames et qui valsent avec.

96

LES CHANGEMENTS DE PLACE

Tous les couples partent à la suite les uns des autres pour exécuter une promenade, le couple conducteur se trouvant le dernier. A un moment donné, le cavalier conducteur touche l'épaule du danseur qui le précède et qui doit lui céder sa dame ; ce cavalier touche à son tour l'épaule du cavalier qui est devant lui, et reçoit la dame de celui-ci. Ainsi de suite jusqu'au premier cavalier qui se met à la suite de la promenade, et continue la figure. Au signal du conducteur, chaque cavalier quitte la promenade avec la dame qu'il a à ce moment, et valse avec elle.

97

LA COURTE PAILLE

Trois cavaliers choisissent une des trois baguettes qu'une dame leur présente, dissimulées dans une boîte d'où elles sortent d'une même longueur. Le cavalier qui tire la plus longue baguette danse avec la dame ; les deux autres retournent à leur place.

98

LA TOMBOLA

On dispose sur un guéridon plusieurs objets numérotés, puis on place, dans une corbeille, les numéros correspondants. Le cavalier de chaque couple valsant prend un numéro qu'il donne à sa dame; lorsque toutes les dames en possèdent un, on tire la tombola. Un des cavaliers prend un numéro dans le sac qui lui est présenté par la dame conductrice ; il reçoit, en échange, le lot qui lui est échu et va l'offrir à la dame qui possède le même numéro ; après quoi, tous deux valsent.

99

LE DOUBLE SERPENT

Tout le cercle part en promenade, les couples

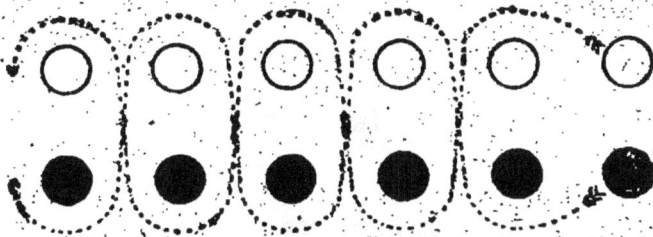

Fig. 29. — Le double serpent.

un peu espacés les uns des autres, et le couple

conducteur en dernier. Le cavalier conducteur et sa dame se séparent et passent, chacun d'un côté, entre les couples alignés, jusqu'à ce qu'ils aient atteint la tête de la promenade. Les autres couples serpentent comme eux jusqu'à ce que tous aient repris leurs places.

Valse pour finir.

100

LA CIBLE

Au milieu du salon est placée une cible auprès de laquelle une dame se tient. Le conducteur amène plusieurs cavaliers qui font partir un pistolet chargé d'une amorce.

La dame désigne son danseur en tirant un cordon qui fait apparaître, derrière la cible, le drapeau vainqueur.

101

LE TOURBILLON

Huit danseurs se mettent en place comme pour le quadrille des Lanciers. Le couple n° 1 part en valsant, tourne autour du couple de droite, passe derrière lui, puis avance en tourbillonnant au-

tour du couple suivant et s'arrête après avoir
tourné autour des trois couples. Alors, chacun

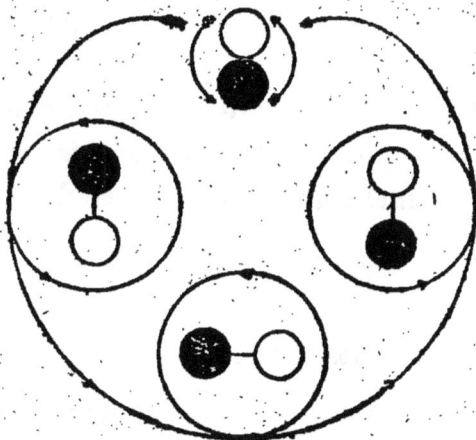

Fig. 30. — Le tourbillon.

de ces trois autres couples répète à son tour la
même figure, en allant sur la droite. Valse pour
finir et regagner sa place.

102

LES DAMES ENSEMBLE

Cette figure est dansée à la fin du cotillon.
Toutes les dames valsent ensemble, deux par
deux. Un rond de trois cavaliers vient entourer
un de ces couples de dames qui doivent choisir.

chacun un danseur. Le cavalier restant reforme
autour de deux autres valseuses un nouveau rond
avec deux autres cavaliers qui tournent autour
des dames jusqu'à ce que qu'elles aient choisi
deux danseurs. Jusqu'à ce que chaque dame ait
un valseur, les ronds de trois cavaliers et le choix
des dames se poursuivent. Le dernier cavalier
qui reste, retourne à sa place tout seul.

103

LE TRIPLE ROND

Le premier couple fait un rond au milieu du
salon. Un autre rond, tournant en sens inverse,
est formé par trois nouveaux couples; enfin un
troisième rond, composé de huit couples, vient
entourer les deux premiers. Les ronds se brisent
à un signal donné, et chacun reconduit à sa place
sa dame en valsant.

104

LE COLIMAÇON

Tous les couples du cercle font une promenade,
puis un grand rond. Le cavalier conducteur
quitte, à un moment donné, la main de sa dan-

seuse de gauche et, continuant de tourner, entre dans le rond en entraînant, à sa suite, les autres danseurs. Les petits ronds ainsi formés, de plus en plus petits, imitent le colimaçon qui a donné son nom à la figure. Lorsque les danseurs sont bien rapprochés, le cavalier conducteur détourne les ronds et revient à son point de départ, ou bien, il serpente à travers les couples qui se trouvent devant lui, en passant sous les bras des danseurs. Un grand rond, une valse générale, ou une promenade, peuvent terminer cette figure qui est une des plus jolies parmi les dernières du cotillon.

105

LES ARBRES DE NOEL

On place aux deux bouts du salon deux petits sapins portant, suspendus à leurs branches, des petits objets quelconques. Le cavalier conducteur et sa dame se tiennent chacun près d'un de ces arbres de Noël. Ils appellent les cavaliers et les dames qui viennent prendre les objets, savoir : les cavaliers à l'arbre de la dame conductrice, et les dames à l'arbre du conducteur. Les cavaliers cherchent ensuite les dames qui ont choisi l'objet semblable au leur et valsent avec elles.

106

LA CORBEILLE MOBILE

La dame du conducteur, ou toute autre dame du centre, présente à plusieurs cavaliers une corbeille garnie de fleurs et renfermant divers objets (cette corbeille peut, à volonté, se refermer ou s'ouvrir). Si la dame désire danser avec le cavalier à qui elle offre sa corbeille, elle lui laisse prendre un objet; sinon elle fait fermer le couvercle par un simple mouvement.

107

LES QUATRE SAISONS

Un panier plein de fruits est placé au milieu du salon. La dame conductrice les distribue aux cavaliers qui se présentent. De son côté, le conducteur distribue aux dames des fruits semblables à ceux de la corbeille. Le cavalier et la dame qui ont un fruit pareil dansent ensemble.

108

LE ROND ONDULÉ

Cinq couples partent en valse. A un signal

donné, quatre de ces couples forment un rond
autour du cinquième qui valse à sa fantaisie et
cherche à faire onduler le rond dans tous les sens
du salon. Les quatre couples qui le composent
doivent obéir, sans se séparer, aux mouvements
du cinquième couple valsant. Successivement,
les cinq couples se placent au milieu du rond et
exécutent la même figure; chaque cavalier reconduit ensuite sa dame, en valsant, à sa place.

109

L'ALLÉE

Six ou sept couples font, les uns derrière les
autres, le tour du salon, les dames étant à droite
de leurs cavaliers. A un signal donné, tous s'arrêtent et forment deux lignes face à face, les cavaliers d'un côté, les dames de l'autre. On fait en
avant et en arrière. Puis chaque cavalier prend
de sa main droite la main droite de sa dame et la
fait traverser en prenant sa place. Le premier
couple part en valsant et en remontant, et passe
derrière la ligne des dames; sans cesser de valser, il passe au milieu des deux lignes, et remonte
encore une fois en passant derrière les dames.
Arrivé à la dernière, il s'arrête. Le cavalier reste

du côté des dames, et la dame du côté des cavaliers. Chaque couple exécute successivement la même figure. On termine par une valse générale. Cette figure se fait surtout à la fin des cotillons.

110

LE HUIT

Deux chaises sont placées au milieu du salon, à une certaine distance l'une de l'autre. Le premier couple part, passe derrière une chaise sans cesser de valser, puis repasse derrière l'autre chaise, de manière à décrire un huit. La même figure est répétée successivement par chaque couple. Le *huit* est une des figures les plus difficiles à exécuter. Ceux-là sont de vrais danseurs de cotillons, qui s'en acquittent parfaitement.

111

L'ADRESSE

Des petites rosettes de couleurs différentes sont distribuées aux dames par la dame conductrice. Plusieurs petites poupées sont alignées, à l'un des bouts du salon, par le cavalier conducteur qui donne une balle à l'un des cavaliers et

invite à viser la poupée. Si la poupée tombe, le
cavalier danse avec la dame portant la rosette de
la même couleur que la poupée tombée. Chaque
cavalier essaye à son tour son adresse. Si la
même poupée était abattue plusieurs fois, la dame
devrait danser un nombre égal de fois.

112

LES RONDS ENLACÉS

Huit couples partent ensemble. Après un tour

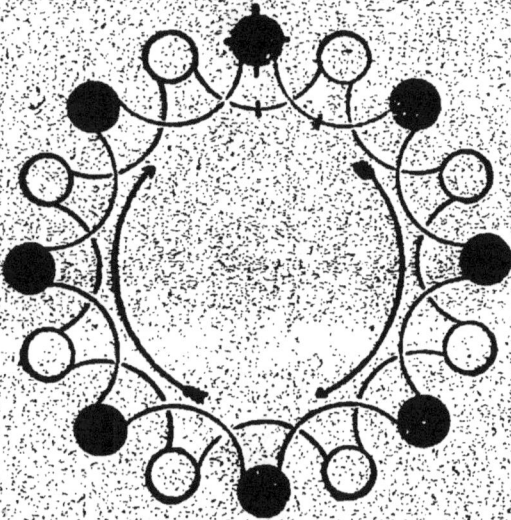

Fig. 81. — Les ronds enlacés (A).

la valse, on forme un rond général. On avance

et on recule tous ensemble sur quatre mesures;
on avance encore une fois, et quand on se trouve
rapproché, les cavaliers se donnent les mains en

Fig. 32. — Les ronds enlacés (B).

dessus et les dames en dessous. Quand les bras
sont ainsi enlacés on tourne à gauche; le cavalier
conducteur quitte la main du cavalier qui se

trouve à sa gauche : on se développe sur une seule ligne sans se quitter les mains. Lorsqu'ils sont bien en ligne droite, les cavaliers lèvent les bras tous ensemble, sans se quitter les mains; les dames partent en dansant, et les cavaliers s'élancent derrière elles, à leur poursuite. A un signal donné, toutes les dames se retournent et dansent avec leurs cavaliers qui doivent se trouver derrière elles.

113

LE BANDEAU

On forme un grand rond, les cavaliers se tenant tous par la main d'un même côté, et les dames de l'autre. Au milieu du rond, se trouve un cavalier ayant les yeux bandés ; pendant que le rond tourne à gauche, ce cavalier se dirige vers une personne et danse avec elle, que ce soit un cavalier ou une dame. Après que cette figure a été faite par quelques cavaliers, les dames font un rond entre elles; les cavaliers, qu'elles ont quittés, en font autant.

Puis, à un signal donné, les cavaliers s'élancent vers les dames, et chacun valse avec celle qu'il a pu saisir.

114

L'ESCRIME

On donne à une dame une baguette munie d'un anneau à son extrémité ; puis on remet deux fleurets à deux cavaliers assez éloignés pour qu'ils ne puissent croiser les fleurets. Les cavaliers se mettent en garde, la dame abaisse son anneau entre les pointes des deux fleurets, et le premier cavalier qui enfile l'anneau danse avec la dame. Cette figure sera intéressante si elle est exécutée par deux bons tireurs, qui voudront s'empêcher mutuellement d'atteindre au but.

115

LA DOUBLE PASTOURELLE

Départ des quatre premiers couples, qui se placent comme pour la contredanse. Les deux cavaliers de vis-à-vis, en gardant leurs dames à leur droite, prennent de la main gauche les deux autres dames qui laissent leurs cavaliers à leur place. Les deux cavaliers, ayant ainsi une dame de chaque main, avancent et reculent, dans cette position, pendant quatre mesures ; ils font croiser leurs dames devant eux, en faisant passer celle de gauche sous leurs bras droits ; les dames changent de danseurs et vont retrouver les deux

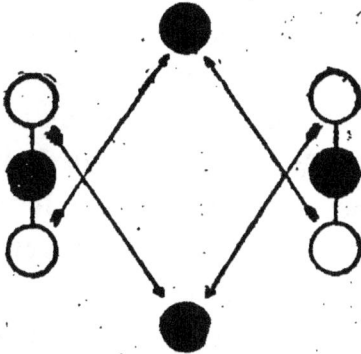

Fig. 33. — La double pastourelle.

cavaliers restés seuls à leurs places pour exécuter une nouvelle fois la figure, qui se répète quatre fois de suite et se termine par une promenade à volonté ou un tour de valse général.

116

LA CHAINE HONGROISE

Quatre couples sont dans la position du quadrille croisé ; deux cavaliers vis-à-vis avancent avec leurs dames pendant deux mesures, et reculent également pendant deux mesures. Ils avancent une nouvelle fois en quittant les mains des dames, qui restent à leurs places. Les deux cavaliers se donnent le bras droit croisé à la saignée, et font ensemble un tour entier ; puis ils se séparent pour donner le bras gauche à leurs dames de la même manière, et font un tour avec elles. Pendant ce temps, les deux cavaliers de la contre-partie font le même tour de bras droit et, avec la dame de leur vis-à-vis, le même tour de bras gauche. Pour aller retrouver leurs cavaliers, les dames exécutent la même figure. Un tour de valse, et chacun retourne à sa place.

117

LE LOUP

Le premier couple part en valsant ; la dame va choisir plusieurs dames qu'elle place devant elle, toutes se tenant par la taille, l'une derrière l'autre. Le cavalier conducteur amène devant la première dame un cavalier qui doit chercher à attraper la dame conductrice, tandis que les dames qui sont en avant d'elle doivent la protéger. Si, après quelques essais, ce cavalier ne peut réussir, il est remplacé par un autre jusqu'à

ce qu'un nouveau venu ait pu saisir la dame,
qu'il fait ensuite valser. D'autres cavaliers viennent chercher les dames qui sont ainsi ramenées
à leurs places.

118

LE ROULEAU

Après un tour de valse, le cavalier-conducteur
fait asseoir sa dame à une extrémité du salon.
On apporte alors au milieu de la pièce un rou-
leau en bois, ou une bûche bien ronde, ou à défaut, une bouteille vide que l'on couche sur le
parquet. Un cavalier est prié de s'asseoir dessus
en allongeant les jambes et en les croisant l'une
sur l'autre, afin qu'un seul talon pose à terre.
Dans cette position, le cavalier reçoit deux bou-
geoirs portant chacun leur bougie, l'une allumée
et l'autre éteinte. Il s'agit pour lui d'allumer la
bougie éteinte en la rapprochant de l'autre. Au
moment où il croit réussir, la bouteille tourne et
le renverse généralement. Il est permis à ce cavalier de se reposer sur les chandeliers. S'il
parvient à allumer la bougie, il danse avec la
dame conductrice, assise au bout du salon; sinon, il est remplacé par un autre. Pour éviter

les taches de bougie, on a soin de mettre une
serviette sur les genoux du cavalier qui exécute
cette figure.

119

LA CHAINE SANS FIN

Départ des quatre premiers couples. Chaque
cavalier choisit une dame, et chaque dame un
cavalier. Tous les cavaliers se placent en ligne
devant leurs dames placées en ligne parallèlement. Le cavalier conducteur donne la main

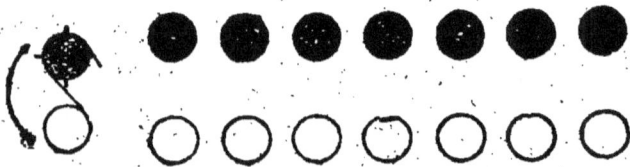

Fig. 34. — La chaîne sans fin.

droite à la main droite de sa dame et fait avec
elle un tour entier. Il donne ensuite la main
gauche à la dame n° 2, tandis que sa dame fait
de même avec le cavalier n° 2. Le cavalier conducteur et sa dame se redonnent la main droite
au milieu de la double ligne, et se quittent pour
aller trouver la dame et le cavalier n° 3, et ainsi

de suite jusqu'au dernier couple. Ils font alors un tour entier, de façon que le cavalier se trouve du côté des dames, et la dame du côté des cavaliers. Pendant que le couple conducteur fait la chaîne, le couple suivant doit prendre sa place; les autres également doivent obliquer, les cavaliers sur leur droite, les dames sur leur gauche. Dès que le cavalier conducteur et sa dame sont parvenus au quatrième couple, le deuxième cavalier doit aussitôt partir, de manière à ce qu'il se fasse un mouvement de chaîne continue entre les cavaliers et les dames. Quand tout le monde a fait la figure, c'est-à-dire, quand le couple-conducteur se retrouve à la tête des lignes, on fait deux fois en avant et en arrière, puis chaque couple se rend à sa place en valsant.

120

LES RONDS DÉTOURNÉS

Trois couples partent en valsant. Le cavalier-conducteur fait placer les dames sur une ligne, assez éloignées les unes des autres. Puis les deux cavaliers vont chercher chacun un cavalier et viennent former en face de la ligne des trois dames une ligne de cinq cavaliers. Le cavalier-conducteur, qui est placé à la gauche des autres cavaliers, les entraîne tous pour faire un rond à gauche autour de la première dame, puis un rond à l'envers autour de la deuxième, et enfin un autre rond à gauche autour de la troisième.

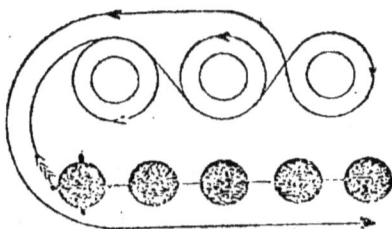

Fig. 35. — Les ronds détournés.

Après les trois ronds, il passe derrière les dames, puis aussi devant elles, traînant toujours à sa suite les autres cavaliers. A un signal donné, les cavaliers se retournent et dansent avec la dame qui leur fait vis-à-vis.

121

LES GUIDES

Le conducteur conduit deux dames à travers le salon, à l'aide de guides et d'un fouet. La dame-conductrice choisit deux cavaliers qu'elle fait marcher autour du salon, dans un sens inverse. A un signal donné, les dames et les cavaliers, quittant les guides, s'élancent les uns vers les autres et valsent ensemble. Le conducteur fait danser sa dame et chacun retourne à sa place.

122

LES GRENOUILLES

Après quelques tours de valse, le cavalier conducteur fait asseoir sa dame au milieu du salon. Puis il amène devant elle deux cavaliers qui doivent faire sauter chacun une grenouille en bois, posée à terre. Le premier qui réussit fait danser la dame conductrice.

123.

LA TOUR ENCHANTÉE

On forme, avec six châssis reliés ensemble, un paravant à six feuilles, recouvert d'un papier léger. Cinq dames sont placées dos à dos, au milieu du salon, et dissimulées aux danseurs derrière les châssis que l'on dispose de façon à leur faire former une tour hexagone. Six cavaliers viennent alors former un rond autour des dames emprisonnées. A un signal donné, chaque danseur se met à genoux en face d'un châssis. A un nouveau signal, les dames, crevant le papier, sortent de la tour et valsent avec le danseur agenouillé. Le cavalier qui n'a pas trouvé de dame doit passer à travers le châssis intact et rester dans la tour tandis que les autres couples valsent.

124

LES RONDS A QUATRE

Quatre couples partent en valse. Les cavaliers quittent leurs dames et forment ensemble un rond à quatre à l'une des extrémités du salon ; les dames font entre elles un rond à l'autre extrémité. Tout le monde fait un tour à gauche, après quoi le cavalier conducteur et un autre cavalier passent sous les bras des deux autres, pour aller retrouver leurs deux dames qui passent de même, et danser avec elles. Ils font un tour entier à gauche ; puis les deux cavaliers lèvent les bras pour livrer passage aux deux dames, et font un autre tour avec les deux dames, tandis que les deux premières exécutent

le même rond avec les deux autres cavaliers, ce
qui forme deux ronds de quatre. Les cavaliers
lèvent les bras pour laisser passer les dames ; les
deux premiers cavaliers, en avançant, se retournent, et forment une ligne bientôt complétée par
les deux autres cavaliers. De leur côté, les dames
ont formé une ligne pareille. Les quatre cavaliers et les quatre dames forment alors le même
rond qu'au commencement, c'est-à-dire dames
et dames, cavaliers et cavaliers. Après avoir fait
un tour, on se développe sur deux lignes oppo-
sées qui s'avancent l'une vers l'autre. Chaque
cavalier, retrouvant sa dame, danse avec elle.

125

LES CHAINES A HUIT

Après avoir fait quelques tours de valse, quatre couples se placent, deux couples d'un côté et
deux couples de l'autre, sur deux lignes se faisant face. Le n° 1 fait avec le n° 2 une demi-
chaîne anglaise ; le n° 3 en fait autant avec le
n° 4. Puis, après un tour sur place avec sa dame,
on se tourne face au couple qui se trouve sur sa
ligne. Cette fois, le n° 1 fait avec le n° 3 la demi-
chaîne anglaise, tandis que le n° 2 exécute le

même mouvement avec le n° 4. Nouveau tour
sur place et continuation de la figure jusqu'à ce

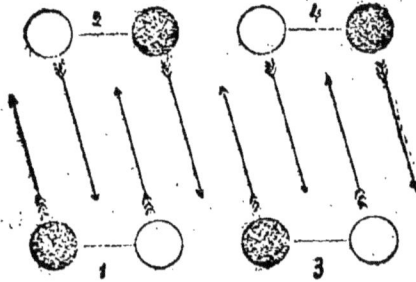

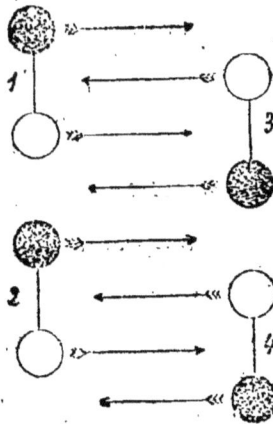

Fig. 36 et 37. — Les chaînes à huit.

que chaque couple se retrouve à sa place. On
termine par une promenade ou une valse.

126

LES MOITIÉS

Le couple conducteur présente à tous les danseurs du cotillon deux paniers contenant des moitiés de fruits ; poires, pommes, oranges, etc. Chaque cavalier se met ensuite à la recherche de la danseuse dont la moitié de fruit s'accorde bien avec la sienne ; et s'il la trouve, ils dansent ensemble.

127

LES PETITS CARRÉS

Après avoir valsé, quatre couples se séparent et forment deux lignes parallèles, les cavaliers se tenant par les mains, et les dames aussi. Dans cette position, les deux lignes s'avancent, puis font un chassé-croisé à droite ; les cavaliers et les dames, ayant ainsi changé de place, se trouvent dos à dos. Les deux lignes reculent, font un chassé-croisé à gauche et se retrouvent face à face.

Les mêmes carrés sont alors recommencés, mais partiellement, chaque cavalier faisant avec la dame de vis-à-vis un traversé, un dos à dos,

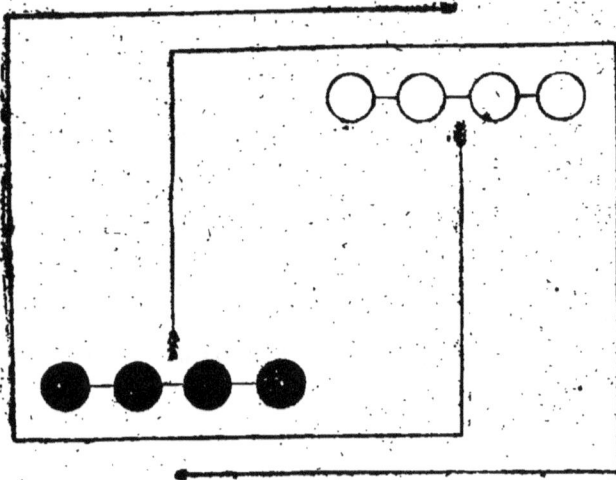

Fig. 38. — Les petits carrés (A).

un arrière et un oblique à gauche, de façon à

Fig. 39. — Les petits carrés (B).

compléter ce carré. Après avoir fait un petit rond

avec leurs dames, les cavaliers font ensuite un rond général, et chacun retourne à sa place à un signal donné.

128

L'ÉPÉE DE DAMOCLÈS

On suspend une épée au plafond du salon. Deux cavaliers munis d'une canne dont le bout porte un anneau, s'exercent à introduire cette épée dans l'anneau, en se tenant sur le pied droit et levant brusquement le bras. Le plus adroit danse avec la dame. Chaque cavalier a droit à deux coups, après lesquels, s'il n'a pas réussi, il doit céder sa place à un autre.

129

LES VOLONTAIRES

Quatre ou cinq danseurs sont pourvus, par les soins du cavalier conducteur, de képis et de tambours. Quatre ou cinq dames reçoivent, des mains de la conductrice, chacune une trompette. Les volontaires et les dames forment deux lignes face à face de chaque côté du salon. A un signal donné, les clairons sonnent, les tambours battent, puis tout se tait à un dernier signal. Le ca-

valier conducteur appelle alors les numéros que
portent les drapeaux des trompettes remises aux
dames. Les cavaliers portant le numéro correspondant sur leur képi rejoignent ces dames et
valsent avec elles.

130

LES QUATRE LIGNES

Quatre couples partent en valsant. A un signal
donné, ils se séparent : les cavaliers vont choisir

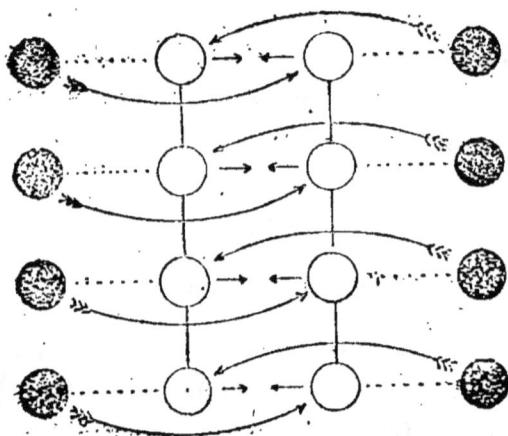

Fig. 40. — Les quatre lignes.

chacun une dame et les placent devant eux, en
ligne, sur un côté du salon ; les quatre premières
dames sont allées choisir quatre cavaliers,

qu'elles ont également rangés en ligne, derrière
elles, à l'autre bout du salon. Les lignes avancent
et reculent ensemble ; et, à un signal du conducteur, les dames restant à leur place, lèvent les
bras pour laisser passer dessous les messieurs
qui traversent vivement et vont valser avec les
dames rangées sur la ligne opposée.

131

LES PASSES EN ROND

Après avoir valsé, le couple conducteur se
sépare ; le cavalier va chercher toutes les dames

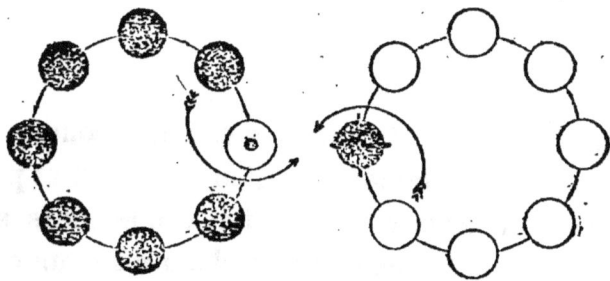

Fig. 41. — Les passes en rond.

du cercle et fait, avec elles, un rond à l'une des
extrémités du salon. La dame conductrice choisit
autant de cavaliers qu'il y a de dames et fait un

autre rond à l'autre bout du salon. On tourne sur
la gauche. Après un tour en rond, le cavalier
qui se trouve presque dos à dos avec sa dame,
fait passer sous son bras gauche la première
droite qu'il tient de la main droite. Sa dame agit
de même avec le cavalier qui se trouve à sa
droite; et les deux personnes, ainsi sorties du
rond, valsent ensemble. On reforme les ronds
et on continue à tourner jusqu'à ce que la dame
conductrice se trouve seule avec un cavalier, et
que le cavalier conducteur se trouve seul avec
une dame. Les passes en rond sont une figure
finale du cotillon.

132

LA JOUTE

Après un tour de valse, le cavalier conducteur
fait asseoir sa dame au milieu du salon et place
devant elle deux coussins. Deux messieurs sont
ensuite amenés; ils montent chacun sur un coussin, lèvent un pied, se donnent la main, et
cherchent, par de petites secousses à mettre son
adversaire hors d'équilibre. Le vainqueur fait
valser la dame, tandis que l'autre retourne seul à
sa place.

133

LES DEUX RONDS LIÉS

Huit cavaliers sont choisis et mis en ligne par la dame conductrice qui se place ensuite au mi-

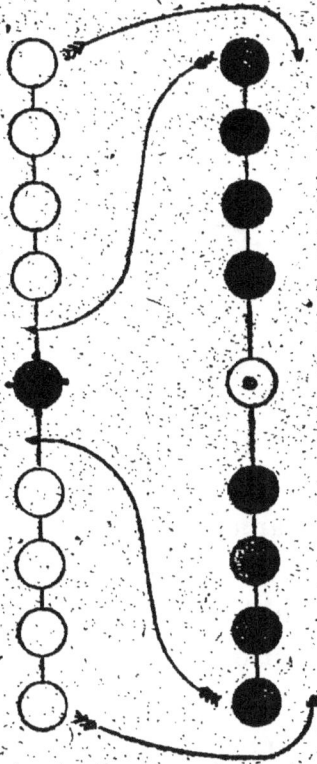

Fig. 42. — Les deux ronds liés (A).

lieu d'eux. Huit dames choisies par le cavalier conducteur forment également une ligne opposée,

dont il occupe le centre. Dans cette position, les
deux lignes font en avant et en arrière; puis, le
conducteur levant les bras, les deux cavaliers,
placés aux bouts de la ligne des messieurs, passent dessous en entraînant les autres. Ils viennent à leur tour se donner la main derrière les
cavaliers conducteurs. Les deux dames extrêmes

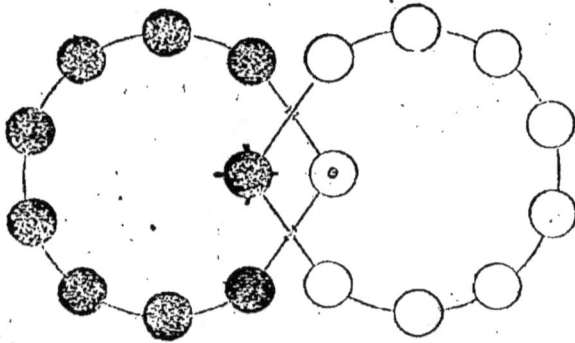

Fig. 43. — Les deux ronds liés (B)

de la ligne des dames viennent à leur tour se
donner la main derrière la dame conductrice. Le
conducteur, parmi les cavaliers, et la dame, parmi les dames, quittent les deux ronds qui se rejoignent et valsent au milieu du rond général.
A un signal donné, les cavaliers s'élançant vers
les dames, les ramènent, en dansant, à leurs
places.

134

LE SPHINX

On place au milieu du salon un sphinx articulé. Une dame se place derrière, puis tous les danseurs viennent à leur tour saluer le sphinx. La dame tire à volonté la corde qui fait dire oui à la tête du sphinx, ou celle qui lui fait dire non. Le cavalier accepté danse avec la dame qui est remplacée derrière le sphinx par une autre dame du cercle.

135

LES ALLIANCES

Une dame tient un bâton au bout duquel est attaché un cercle double. Un cavalier doit dédoubler l'anneau, en remarquant que le bâton n'occupe pas le milieu de l'anneau et que pour le dédoubler, il doit passer le bâton du côté le plus étroit. S'il y parvient du premier coup, il danse avec la dame; sinon il cède la place à un autre.

136

LES TROIS PASSES

Quatre couples forment un rond, les cavaliers

d'un côté, les dames de l'autre. Le cavalier conducteur quitte sa dame et tous deux vont en re-

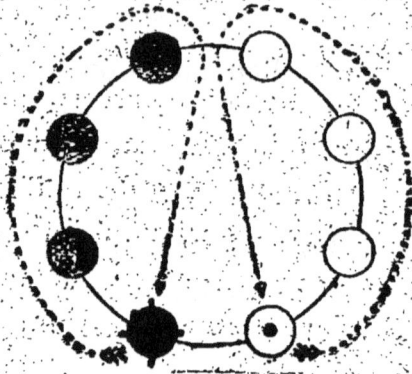

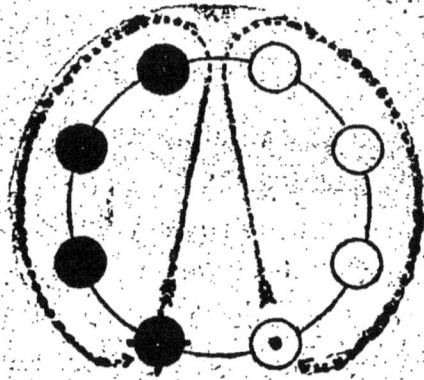

Fig. 44 et 45. — Les trois passes.

culant passer sous les bras du cavalier et de la
dame qui leur font vis-à-vis. Une fois à leurs
place, ils se redonnent les mains. Le cavalier et

la dame de vis-à-vis exécutent à leur tour la même figure et se reprennent les mains dès qu'ils l'ont achevée.

Le couple conducteur repasse ensuite sous les bras des deux autres personnes en avant; puis le cavalier tourne derrière les cavaliers et la dame derrière les dames pour reformer un rond qu'on tourne à gauche. Après quelques tours, à un signal donné, les quatre cavaliers s'élancent vers leurs dames pour les ramener à leur place en valsant.

137

LES RONDS RÉUNIS

Le premier couple part en valse ou promenade, puis il vient prendre le second couple pour former un rond à quatre. On décrit un demi-tour à gauche, après lequel le cavalier conducteur quitte la main de la dame du deuxième couple, et retourne sur lui-même, à gauche, en entraînant les autres personnes, pour aller retrouver le troisième couple, avec lequel on fait un rond de six personnes. Après le demi-tour à gauche, le cavalier quitte de nouveau la dame de gauche pour aller prendre successivement les autres couples. Lorsqu'on est arrivé au dernier couple, on forme un rond général que l'on tourne à gauche pendant huit mesures, puis à droite pendant huit autres mesures, puis sur place pour terminer. Les *Ronds réunis* s'exécutent surtout à la fin du cotillon.

138

LE CHOIX DES VALSEURS

Après un tour de valse, le cavalier conducteur fait asseoir sa dame au milieu du salon, sur une chaise. Le second cavalier, ayant choisi une dame parmi toutes les valseuses, fait avec elle le tour du salon et la fait ensuite asseoir à la place de la première qui est reconduite, en dansant, à son premier cavalier. Le troisième cavalier, après avoir choisi une dame, exécute le même mouvement; et ainsi de suite. La dernière dame qui est restée assise, est délivrée par le cavalier du cercle qui a devancé les autres.

139

LES VOLTE-FACE

La dame conductrice, ayant derrière elle son cavalier, va saluer un cavalier qui se lève et suit la dame et le cavalier conducteur ayant déjà fait volte-face. Le cavalier conducteur va alors saluer une dame qui se lève et se joint à la bande qui fait volte-face. Ce mouvement est répété jusqu'à ce qu'il y ait un certain nombre de danseurs, les uns derrière les autres. A un signal donné, les cavaliers, se retournant, dansent avec les dames qui leur font face.

140

LE CHAT ET LA SOURIS

Tous les cavaliers forment un grand rond autour de la dame conductrice. Celle-ci désigne un cavalier qui sort du cercle. A un signal donné, le rond se met à tourner lentement, et le cavalier choisi cherche à attraper la dame conductrice qui se sauve en sortant ou en rentrant dans le cercle, tandis que les danseurs en rond opposent des obstacles au cavalier poursuivant. Si la dame est saisie par le cavalier, elle danse avec lui au milieu du rond; une autre dame la remplace, et ainsi de suite.

141

LA COLOMBE MESSAGÈRE

On place, au milieu du salon, un petit arbre

soutenant une colombe perchée par l'effet d'un ressort invisible. La dame conductrice se tient auprès de l'arbre. Tour à tour les danseurs se présentent et demandent si la colombe apporte pour eux un message. Pour le cavalier choisi, la dame relève le ressort; la colombe s'échappe et vient voler près du cavalier à qui elle présente un petit billet plié dans son bec.

142

LA MARMITE DU DIABLE

Une grosse marmite, renfermant sept diablotins et sept diablesses, est apportée au milieu du salon. Sept dames, amenées par la dame-conductrice, choisissent chacune une diablesse. Puis sept cavaliers prennent, au hasard, chacun un diable dans la marmite. Ils vont ensuite choisir pour danseuses les dames dont la diablesse est de même couleur que leur diablotin.

143

LA BOITE AUX PLAISIRS

Le cavalier conducteur distribue aux dames du cercle huit petits plaisirs, ornés de rubans de di-

verses couleurs. La dame conductrice passe une
boîte à plaisirs devant les cavaliers qui tournent
l'aiguille indiquant une couleur. La dame conductrice ouvre sa boîte et remet au cavalier un
plaisir auquel est attaché un ruban de même
couleur. Ce cavalier cherche ensuite la dame
portant la même couleur, pour danser avec elle.

144

LE CHASSEUR

Après avoir valsé, le cavalier-conducteur fait
asseoir sa dame à l'un des bouts du salon ; puis
il bande fortement les yeux à deux cavaliers,
auxquels il donne, à l'un une crécelle, et à l'autre
un bâton recouvert d'étoffe et qui ne peut blesser
personne. Les deux cavaliers, étant éloignés l'un
de l'autre, doivent se chercher. La crécelle faisant un appel, change de place, et le bâton trom-
pé frappe souvent à faux, quelquefois dans le
vide. Les dames quittent leurs places pour éviter les coups du chasseur.

Le cavalier doit atteindre son adversaire en
trois coups, s'il veut danser avec la dame ; s'il
n'y réussit pas, il devient à son tour poursuivi.
Le cavalier délivré valse avec la dame qui est

remplacée par une autre ; le cavalier de cette dernière devient le nouveau chasseur.

145

LE TABLEAU MAGIQUE

Un tableau posé sur un pied est placé au milieu du salon. On distribue aux cavaliers des tambourins portant chacun un numéro qui se trouve inscrit sur le tableau. Douze dames se placent devant le tableau et tirent chacune un des anneaux placés au bas du tableau. La dame danse avec le cavalier portant le même numéro que celui qu'elle a sorti sur le tableau, en tirant l'anneau.

146

LE ROND SERPENTÉ

Tous les cavaliers sont réunis par le cavalier-conducteur. Ils forment un grand rond et lèvent les bras sans se quitter les mains. Ils font alors le tour du salon pendant que les dames sont invitées à les suivre, en se tenant toutes par les mains. Toutes les dames forment ainsi une grande file ayant en tête le conducteur qui l'entraîne et

la fait serpenter sous les bras levés des cavaliers.
La chaîne des dames entre à la suite dans le rond
des cavaliers, et fait un rond qu'elle tourne dans
le sens opposé à celui du rond des cavaliers. A

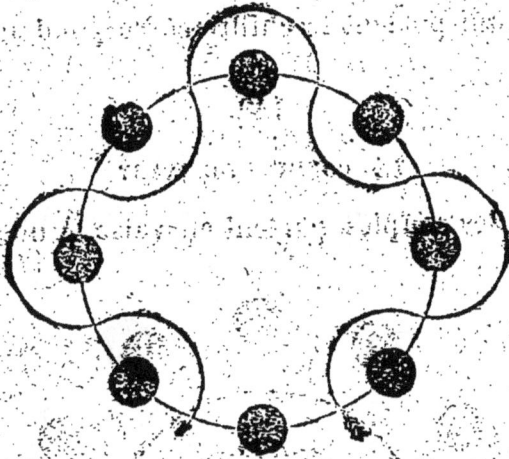

Fig. 46. — Le rond serpenté.

un signal donné, les ronds se brisent ; les danseurs valsent avec la dame qu'ils peuvent saisir.
Cette figure est une des plus brillantes parmi les
dernières du cotillon.

147

L'ABAT-JOUR

Le cavalier conducteur tient, au bout d'un

long bâton, un abat-jour garni de vingt-quatre
décorations. Les fleurs ou le raisin blanc sont ré-
servées aux dames, les autres couleurs laissées
aux cavaliers. Chaque fleur ou chaque grappe
porte un chiffre. Les cavaliers font danser les
dames qui portent le chiffre correspondant.

148

LE CHEMIN TOURNANT

Tous les couples partent en valse. A un signal

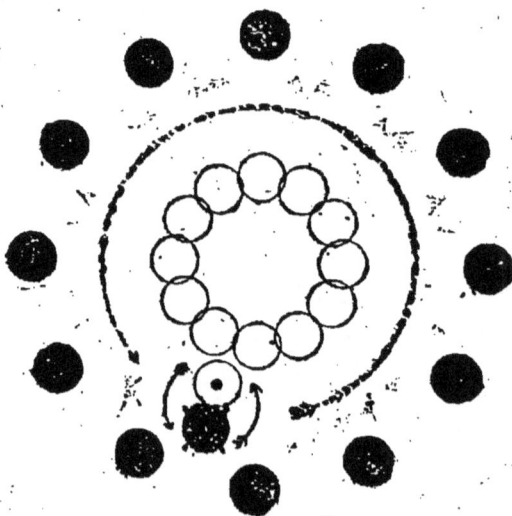

Fig. 47. — Le chemin tournant.

donné, ils forment un grand rond, avancent et

reculent ensemble. Les dames quittent ensuite leurs cavaliers pour venir se placer en rond, dos à dos, face à leurs cavaliers, au milieu du salon, et en laissant, entre leur rond et celui qui les entoure, un espace libre. Le couple-conducteur se reforme et parcourt ce chemin jusqu'à ce qu'il soit revenu à sa place. Alors, le cavalier se met du côté des dames et la dame du côté des cavaliers.

Chaque couple exécute à son tour cette figure. Quand les cavaliers se trouvent ainsi rassemblés au centre, et les dames en dehors, on fait un tour de main droite et l'on finit par une valse générale. On fait cette figure à la fin du cotillon.

149

LE MAI

Un mai enrubanné est apporté au milieu du salon par le cavalier-conducteur. Huit dames, prenant chacune le bout d'un ruban fixé au haut du mai, tournent à gauche, tandis que neuf cavaliers sont venus former un rond tournant à droite. A un signal donné, les cavaliers, faisant un demi-tour, valsent avec la dame qu'ils

trouvent vis-à-vis; le cavalier resté seul remplace le cavalier-conducteur et peut recommencer la figure avec d'autres couples.

150

LE MAT DE COCAGNE

On place le mât de cocagne au milieu du salon. Chaque danseuse est amenée auprès du mât
par la dame-conductrice, et peut tirer le cordon
qui fait à volonté monter et descendre le mât. Le
cavalier-conducteur amène ensuite plusieurs cavaliers qui doivent, chacun, à un signal donné,
chercher à attraper un des objets suspendus. Si
la dame a fixé son choix sur un cavalier, elle
lui laisse prendre un lot; sinon elle tire vivement le cordon qui fait remonter le mât. La
dame qui tirerait trop tard le cordon et laisserait
prendre, malgré elle, un des objets du mât, doit
danser avec le cavalier plus adroit qu'elle.

151

LE CARILLON DE DUNKERQUE

Tous les couples font un grand rond, les cavaliers ayant leurs dames à leur droite. A un si-

gnal donné, chaque cavalier fait un rond avec sa dame; les danseurs s'arrêtent au milieu du cercle, faisant face à leurs danseuses. Tout le monde frappe alors trois fois des mains et trois fois du pied. On refait un second rond avec sa dame, qui passe à gauche quand on a fini. La même figure est recommencée par chaque cavalier avec la dame de droite, jusqu'à ce que les cavaliers aient fait danser toutes les dames. Quand le danseur et sa danseuse se retrouvent, on fait un grand rond, puis chacun regagne sa place en promenade.

152

L'ORPHÉON

La dame-conductrice porte la bannière de l'orphéon. Divers instruments de musique sont distribués, moitié aux dames, moitié aux messieurs, par le cavalier-conducteur. On exécute une grande promenade en suivant la bannière, qu'on entoure d'un double cercle, les dames tournant dans un sens, les cavaliers de l'autre, et tous jouant de leurs instruments. A un signal donné, les dames se retournent, dansent avec les cavaliers qui se trouvent en face.

C'est ordinairement cette figure qui est la dernière du cotillon et qui se termine elle-même par le galop final, que les instruments doivent accompagner.

153

LE SALUT

La maîtresse de la maison, conduite par le cavalier-conducteur qui lui a offert sa main, s'assied dans un fauteuil placé au milieu du salon. Tous les cavaliers levés, tenant leur dame par la main, suivent le couple-conducteur qui tourne autour de la maîtresse de la maison, fait halte devant elle et s'incline dans un salut profond. Ce salut est répété par tous les couples, jusqu'au dernier.

Cette figure est la fin du bal avec la Farandole.

LES VIEILLES DANSES FRANÇAISES

La faveur dont jouissent aujourd'hui toutes les choses du XVIIIe siècle explique le réveil qui se fait en faveur des danses de cette époque si gracieuse, mais si en contradiction, cependant, avec nos habitudes modernes. Cette tendance artistique à ressusciter les plus jolies modes du siècle dernier est, en somme, à notre louange ; elle prouve que nous sommes las des excentricités du jour et qu'à défaut d'un art moderne digne de notre histoire, nous aimons mieux revenir en arrière, nous retremper aux sources du beau, que de nous aventurer davantage dans le grotesque et le ridicule. La danse ne pouvait rester étrangère à ce renouveau. Fatigués des quadrilles où le mauvais goût règne si souvent, blasés sur les deux ou trois danses qui survivent encore dans nos salons, les amateurs dignes de ce nom ont imaginé de faire revivre nos plus jolies danses anciennes, et le succès a couronné leurs efforts.

Parmi les nombreuses danses du passé, la *Pavane*, la *Gavotte* et le *Menuet* ont été choisies avec raison comme réunissant les plus brillantes qualités des danses françaises.

Ces trois danses typiques renferment toutes les autres : le Menuet et la Pavane figurent ce que nos anciens entendaient par les danses *basses*, , c'est à dire tranquilles, convenables, de bonne compagnie, et la Gavotte nous donne une idée gracieuse des danses *par haut*, c'est à dire sautillantes, turbulentes et mouvementées.

Citons, à titre de curiosité, parmi ces vieilles danses : le *Trihori*, la *Boccane*, la *Chaconne*, la *Sarabande*, les *Pots-Pourris*, le *Rigaudon*, le *Tricotet*, l'*Allemande*, la *Gaillarde*, la *Pamperqué*, les *Bourrées*, les *Rondes*, etc., etc.

LA PAVANE

La Pavane, originaire d'Espagne, est une danse très ancienne et très grave où les danseurs font la roue l'un devant l'autre, comme les paons font avec leur queue, d'où lui est venu ce nom. On en attribue l'invention à Fernand Cortez. Les gentilshommes la dansaient avec la cape et l'épée; les gens de justice avec leurs longues robes; les princes avec leurs grands manteaux et les dames avec leurs longues robes traînantes. On l'appelait le *Grand Bal* parce que c'était une danse majestueuse et modeste.

Dans le principe, la Pavane était facile à danser, car il n'y avait que deux pas simples et un double en marchant et s'avançant, et deux simples et un double en reculant et *démarchant*. On commence du pied gauche au mouvement d'avant et du pied droit pour revenir en arrière. Revenus à leur place, le cavalier et la dame se regardent vis à vis et se pavanent, c'est à dire font la roue en se saluant, vêtements étalés des deux mains, aussi large que possible. Un autre couple recommence et ainsi de suite la pavane se danse par mesure à deux temps et suivant les mouvements qu'indique la figure. Si on veut, on peut ne pas reculer et la danser toujours en avant.

Cette dernière manière constituait la Pavane ou marche des cortèges et des processions galantes se rendant au bal, mais ce n'était pas celle du grand monde. Cependant elle se modifia peu à peu, et les danseurs agiles y ajoutèrent des gestes et des figures qui lui enlevèrent son caractère primitif.

Comme cette danse est devenue aujourd'hui, de même que le Menuet, une danse de salon *ou de soirée*, un maître très compétent sur ce sujet a eu l'heureuse idée de composer une Pavane qui se rapproche autant que nos mœurs le permettent de l'ancienne, et dont nous donnons un aperçu à nos lecteurs. Elle est intitulée *Pavane Médicis*.

Cette danse doit être exécutée par deux couples en pas marchés sur une mesure à quatre temps lente. Elle demande une allure majestueuse et une grâce parfaite.

Le pas qui est fait pendant toute la durée de cette Pavane est appelé : pas marché. Voici comment il s'exécute :

Marcher en glissant de la pointe du pied, un pas par temps de musique si c'est du pied droit que l'on commence : pied droit, pied gauche, pied droit, pied gauche ; pour exécuter la deuxième mesure, recommencer du pied gauche. Le quatrième pas est un pas allongé et élevé légèrement, la jambe en avant.

Les cavaliers se placent en face de leurs dames,
font un salut en faisant un quart de cercle à droite,
et les dames une révérence en faisant un quart
de cercle à gauche, puis ils se donnent la main,
le cavalier soutenant la main gauche de sa dame
dans sa main droite, les bras allongés de part et
d'autre, légèrement arrondis, et ils s'avancent en
face de leur vis-à-vis. Le cavalier conduit ensuite
sa dame au centre en changeant de place ; il termine ce trajet en frappant légèrement le sol de
la pointe du pied droit quatre fois (une mesure),
fait un pas à gauche et frappe de nouveau quatre
fois du pied gauche. Puis il exécute un pas coupé
à droite, un autre à gauche. Les dames changent de place avec leurs cavaliers en faisant le
pas marché. Nouveau pas coupé et ensuite balancé par changement de main et de place en
exécutant une pirouette. A leur tour, les dames,
en se tenant écartées, s'avancent l'une vers
l'autre ; elles font quatre pas à droite, révérences
à gauche et à droite, et changent de cavaliers,
aller et retour. Enfin les cavaliers et les dames,
après deux saluts et révérences, forment un
moulinet, et chaque cavalier allonge le pied
gauche en avant, jambe tendue, pointe du pied
à terre, et, avec sa main droite, prend la main

L 45   6

gauche de sa dame en l'élevant un peu au dessus des épaules, et, en arrière, la dame allonge le pied droit en ayant la jambe tendue dans cette position ; on fait un balancé, en reprenant sa place primitive : les cavaliers tournent à gauche et les dames à droite, et tous terminent par un salut et une révérence à droite et à gauche.

LE MENUET

Le Menuet, dit Fertiault, cette danse grave, noble, élégante et simple, que le Poitou nous a léguée, que Marcet et Pécourt ont perfectionnée, que le mélancolique J.-J. Rousseau appelait « le moins gai de tous nos genres de danse usités dans les bals », et qui, malgré cette condamnation incompétente, a fait si longtemps et avec tant de raison les délices de nos spirituelles grand'mères... Elles se souvenaient que Don Juan d'Autriche, vice-roi des Pays-Bas, était parti en poste de Bruxelles et venu incognito à Paris, exprès pour voir danser un Menuet à Mar-

guerite de Bourgogne, réputée la première danseuse de l'Europe.

Son nom lui vient, dit-on, des petits pas (me-
nus pas) qu'on doit faire dans cette danse. Déjà
célèbre au commencement du xvii° siècle, le Menuet occupa le premier rang pendant tout le
xviii° siècle.

DES DIFFÉRENTS PAS DU MENUET

Le vrai pas du Menuet est composé de quatre
pas, (qui cependant, par leurs liaisons, ne font
qu'un seul pas), Ce pas de Menuet a trois mouvements et un pas marché sur la pointe du pied.
On a adouci l'usage de ce pas, en ne faisant que
deux mouvements ; cette manière est plus facile.

Ce pas est comme l'autre, composé de quatre
pas ; ils commencent par deux *demi-coupés* (1),
le premier du pied droit, et le second du pied
gauche, ensuite deux pas marchés sur la pointe
des pieds ; savoir, l'un du droit, et l'autre du

---

(1) Le demi-coupé est ici synonyme de *balancé*, il se
fait lorsqu'on se jette à droite avec mouvement sur la
pointe du pied ; il précède toujours un pas plus lent.

gauche, ce qui s'exécute dans le cours de deux mesures à trois temps, dont l'une s'appelle cadence, et la seconde contre-cadence. Pour le bien saisir, on peut le diviser en trois parties égales ; la première est pour le demi-coupé, la seconde est pour la deuxième, et les deux autres pas marchés pour la troisième ; ce que l'on ne doit pas être plus longtemps à faire, que celui que l'on met à faire un demi-coupé. On doit aussi observer qu'en faisant ce dernier pas, il faut laisser toucher le talon, afin que le pied posant entièrement à terre, on soit plus ferme à plier. Pour nous faire mieux comprendre, nous allons décrire la manière de faire ce pas de suite, afin de n'en point retarder l'exécution.

Ayant le pied gauche devant, vous portez le corps dessus en approchant le pied droit auprès du gauche, à la première position que vous pliez sans poser le droit à terre, et lorsque vous êtes assez plié, vous passez le pied droit devant vous à la quatrième position, et vous vous élevez du même temps sur la pointe du pied, en étendant les deux jambes près l'une de l'autre, et de suite vous posez le talon droit à terre, pour avoir le corps plus ferme et plier du même temps sur le droit, sans poser le gauche, et de là, le passer

devant, de même que vous avez fait du pied
droit, jusqu'à la quatrième position et du même
temps se lever dessus et marcher les deux autres
pas sur la pointe des pieds, l'un du droit, l'autre
du gauche, mais au dernier, il faut poser le talon afin de prendre votre pas de Menuet avec
plus de fermeté.

On ne doit pas entreprendre de faire d'autres
pas de Menuet, soit en arrière, soit de côté,
avant que l'on ne soit bien sûr de celui en
avant.

Celui en arrière se fait presque de même que
celui en avant, excepté qu'au premier demi-coupé du pied droit, vous laissez la jambe gauche
étendue devant vous, et en pliant sur le droit.
Pour le second, plus compliqué, le talon gauche
s'approche du pied droit, où il s'arrête lorsque
vous pliez, jusqu'à la dernière extrémité, ou
vous le passez derrière pour vous relever, ce
qui vous donne plus de facilité à le bien faire,
au lieu que si vous le passez en pliant, vous ne
vous relevez jamais si bien, et les genoux pa-
raissent toujours pliés. Ces remarques sont très
importantes pour bien danser le Menuet.

Quant au pas de côté, allant à droite, et que
l'on peut appeler pas de menuet ouvert, parce

que son premier pas est porté à la seconde position, c'est la même manière que celle en arrière,
il n'y a que le chemin qui diffère. Celui en arrière se fait en reculant sur une même ligne
droite, et celui de côté, sur une ligne horizon-
tale, allant à droite.

Il se fait un autre pas en revenant, du côté
gauche, qui diffère en ce qu'il est croisé, bien
qu'il se fasse sur une même ligne, mais en revenant de droite à gauche.

Voici la manière de le faire:

Le corps étant sur le pied gauche, vous pliez
dessus, ensuite vous croisez le droit devant, jusqu'à la cinquième position, et vous vous élevez
dessus, la jambe suit et s'étend à côté de la
droite, les deux talons près l'un de l'autre; de
là vous posez le talon droit, et vous pliez sur le
droit, les pointes tournées en dehors; ensuite,
vous glissez le pied gauche jusqu'à la deuxième
position, et vous vous élevez sur la pointe, les
jambes bien étendues, sans poser le talon; vous
faites, après, deux pas sur la pointe, l'un du
droit, en le croisant derrière à la cinquième position, et l'autre du gauche, en le portant à la
deuxième position, et en laissant poser doucement le talon, ce qui fait un troisième mou-

vement, qui donne plus de vivacité au menuet.

C'est Pécourt, fameux acteur de l'Opéra, qui a

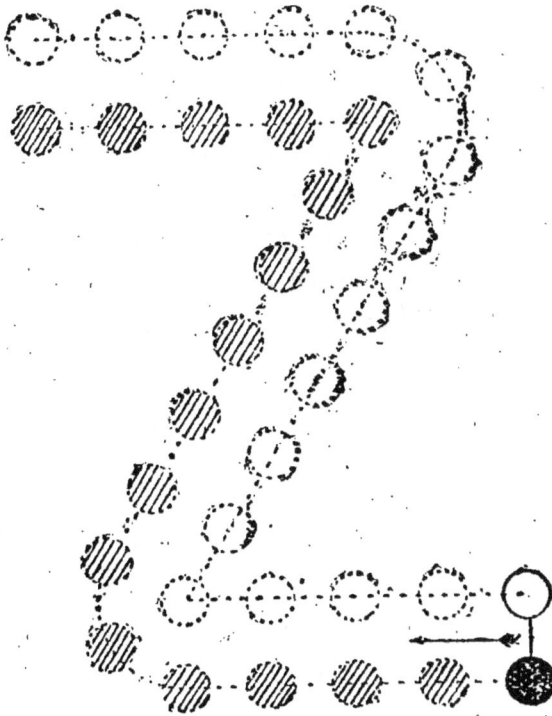

Fig. 48. — Le grand Z.

donné au menuet toute la grâce qu'il a aujour-
d'hui, en changeant la forme S, qui était sa
principale figure, en celle d'un Z, où les pas

comptés pour la figure contiennent toujours les danseurs dans la même régularité.

MANIÈRE DE BIEN DANSER LE MENUET

Lorsqu'on est bien exercé à faire ces différents pas, on en forme une figure réglée.

Après que vous avez fait les révérences, que l'on fait d'ordinaire avant de danser, il faut faire un pas de menuet, en rétrogradant, à la place où vous avez commencé la première révérence, en formant un quart de cercle, ce qui vous rapproche, et vous présentez la main en dessous à la dame, pour qu'elle s'appuie dessus.

Vous faites un pas de menuet en arrière, pour laisser passer la dame devant vous, mais à la fin de votre pas de menuet de côté, vous quittez la main et vous faites un pas de menuet en avant, et la dame en fait un en descendant; ensuite, vous faites, l'un et l'autre, un pas de menuet du côté droit, en arrière, qui vous remet en présence, par le quart de tour que vous faites à votre premier pas; en faisant ce pas, vous effacez l'un et l'autre l'épaule droite, ayant la tête un peu tournée du côté gauche, en vous regardant, ce que l'on doit observer, sans affectation, pendant la durée du menuet.

Il faut ensuite faire deux pas du côté gauche, ayant le corps droit, et en passant à vos deux pas en avant, effacer l'un et l'autre l'épaule droite, donnant toujours la droite à la dame, vous regardant tous deux en passant, et continuant de faire toujours vos pas en avant. Lorsque vous avez fait 5 à 6 tours de suite, il faut d'un coin du salon à l'autre, en vous regardant, vous présenter la main droite, et aller en avant.

Lorsque vous allez en avant, levez (à la fin de votre dernier pas, en revenant du côté gauche) le bras droit à la hauteur de la poitrine, la main en dessous. La tête étant tournée du côté droit, en se regardant, vous faites un petit mouvement du poignet et du coude de bas en haut, ce qui est accompagné d'une légère inclination en présentant la main, et toujours vous regardant en faisant un tour entier.

Ayant quitté la main droite, il faut aller en avant et faire un demi-tour pour présenter la main gauche, en observant le même cérémonial.

Quand vous quittez la main gauche, il faut

faire un pas de menuet du côté droit, en arrière, ce qui vous remet dans votre figure principale que vous continuez 3 ou 4 tours, ensuite vous vous présentez les deux mains, en levant vos bras à la hauteur de la poitrine, et le corps même se plie.

Lorsque vous tenez les deux mains, vous faites un tour ou deux, et vous faites un pas de menuet en arrière, en amenant à vous votre danseuse, dont vous quittez la main gauche seulement pour ôter le chapeau.

Le pas de menuet fini, le cavalier porte le pied droit à côté, à la deuxième position, puis on fait ensemble les mêmes révérences qui sont d'usage en le commençant.

Quoique la durée du menuet soit facultative, puisque c'est toujours la même figure, il ne faut pas le prolonger beaucoup.

Lorsqu'on sait bien le danser on peut s'y permettre quelques fioritures qui ajoutent à sa grâce.

La manière de conduire ses bras est aussi nécessaire que celle des pas, parce que ce sont eux qui accompagnent le corps et en font tout l'ornement.

Ainsi les bras doivent être placés à côté du

corps, les mains ni ouvertes ni fermées. Pour les personnes qui font des balancés en dansant le menuet, on doit exceptionnellement lever les bras à la hauteur des hanches, et en faisant votre premier balancé, qui est du pied droit, le bras gauche s'oppose en l'avançant un peu en devant, de même que l'épaule, et le bras et l'épaule droite s'effacent en arrière; comme aussi du même temps la tête fait une petite inclination; au second balancé elle se redresse, et les bras se remettent dans leur situation.

Durant le menuet, il faut que la danseuse ait la tête droite et bien placée, les épaules en arrière, les bras étendus à côté du corps, de façon que les coudes touchent presque sur les hanches, mais tout naturellement.

Elle doit tenir sa robe ou son tablier avec le pouce et l'index, les bras étendus à côté du corps, les mains en dehors, sans étaler sa robe, ni la tenir trop serrée. Leur manière de figurer est la même que celle du cavalier, tant pour effacer l'épaule dans les pas de côté, que dans ceux en passant en avant.

LE QUADRILLE-MENUET

Les explications que nous venons de donner du menuet, sont les plus exactes possible, étant puisées chez les meilleurs auteurs du xviiie siècle; mais nous reconnaissons qu'il n'est pas à la portée de tout le monde de bien exécuter cette vieille danse, et beaucoup d'admirateurs du temps passé pensent comme nous. C'est pourquoi pour concilier cet engouement avec nos mœurs actuelles, on a imaginé un quadrille, très en faveur aujourd'hui dans les salons, où les pas du menuet sont reproduits et adaptés aux pas modernes de la façon la plus gracieuse.

Pour bien danser ce quadrille un maintien agréable et de l'oreille, pour marquer la mesure en marchant, sont nécessaires. Si au lieu de marcher on adopte le *pas du menuet*, proprement dit, qui se compose en *trois temps*, on donnera alors à ce quadrille tout le cachet original qu'il comporte. Voici le résumé de ce pas, qu'on fera bien d'exécuter isolément dans tout les sens avant d'étudier le quadrille.

Le danseur se met en position, le pied gauche un peu ouvert, le pied droit croisé devant.

1er Temps : Il plie un peu le genou en marquant bien le pas, sans raideur ni brusquerie.

2e Temps : Il avance le pied droit en glissant sur la pointe.

3e Temps : Il rapproche le pied gauche du pied droit, tend légèrement les jarrets et porte la tête haute, un peu renversée en arrière.

Ce quadrille se danse avec quatre couples qui se placent comme pour le quadrille des Lanciers.

PREMIÈRE FIGURE

LE PAS DE MENUET

Chaque cavalier, tenant dans sa main droite la main gauche de sa dame, fait avec elle deux pas de menuet en s'avançant vers le milieu du quadrille. Les quatre couples se saluent et font la révérence, puis se placent en face l'un de l'autre, les cavaliers en dedans, les dames en dehors du quadrille. Chaque cavalier salue sa dame qui lui répond par une révérence; tour de main droite pour que chacun reprenne sa place par quatre pas marchés, profond salut et grande révérence en glissant le pied droit en arrière, ployant les reins et se tournant l'un vers l'autre. Chaque cavalier peut adopter la manière de saluer qui lui convient le mieux, depuis le simple salut jusqu'au genou en terre, mais nous sommes d'avis que pour la bonne harmonie de la figure, tous les cavaliers acceptent le même mode.

DEUXIÈME FIGURE

CHANGEMENT DE DAMES

Tous les cavaliers, étant tournés vers leurs danseuses, font trois pas en arrière et saluent leur dame qui incline gracieusement la tête ; ils partent ensuite du pied gauche, avancent par quatre pas marchés au centre du quadrille, tandis que les dames restent à leur place. Dans cette position, chaque cavalier glisse le pied droit en arrière, ayant le dos vers le centre et il se trouve ainsi en face de la dame qui se trouve à sa droite. Le cavalier n° 1 en face de la dame n° 4, le n° 2 en face celle du n° 3 ; le n° 3 en face de la dame n° 1 ; le n° 4 en face de la dame n° 2.

A ce moment, cavaliers et dames se dirigent les uns vers les autres en marquant deux pas de menuet, un du pied droit, un du pied gauche, élèvent le bras droit, se prennent la main droite en inclinant légèrement la tête à droite, se quittent aussitôt les mains et, abaissant le bras droit, recommencent ce même mouvement avec le bras et la main gauche, reprise avec la main droite et la main gauche. Ce dernier balancement (le quatrième) se fait avec un pas de menuet du côté opposé à la main levée. Enfin les cavaliers élèvent une dernière fois le bras droit, font passer leur dame en dessous et la remettent à sa place. Puis chaque cavalier glissant le pied gauche en arrière, fait quatre pas marchés pour reprendre sa place et se tourne vers sa dame.

TROISIÈME FIGURE

LE PAS OBLIQUE

Chaque cavalier prend dans la main droite la main gauche de sa dame. Les couples 1 et 3 se tournent l'un vers l'autre et font deux pas de menuet du pied droit en obliquant légèrement vers la droite. Même mouvement pour les couples

2 et 4. Arrivés face à face, salut et révérence, en reculant chacun pour regagner sa place. Les couples 1 et 4 se tournent, alors, l'un vers l'autre, font deux pas de menuet du pied gauche en obliquant légèrement en ce sens ; les couples 2 et 3 font de même : salut et révérence par chaque couple en reculant vers sa place.

QUATRIÈME FIGURE

LE TOUR DE MAINS

Chaque cavalier prend dans la main droite la main gauche de sa dame, les couples s'avancent par deux pas de menuet du pied droit et deux du pied gauche. Les cavaliers, soutenant toujours de la main gauche leur dame, élèvent leur bras droit pour la faire passer dessous. Ensuite les couples, se hausant sur la pointe des pieds et, changeant de main, les cavaliers font passer leur dame sous le bras gauche. Les bras restent levés et les cavaliers, à leur tour, passent sous le bras gauche de leur dame. Enfin les couples se prennent les mains, font un tour complet de ronde et reprennent leur place respective.

CINQUIÈME FIGURE

CODA

Les cavaliers, ayant dans leur main droite la main gauche de leur dame, élèvent le bras et font passer la dame dessous. Les couples s'élancent au centre du quadrille par un pas de menuet du pied droit : salut et révérence par chaque vis-à-vis. Tournant alors, sur la pointe des pieds, d'un demi-cercle, chacun se trouve en face de sa dame, les cavaliers en dedans du quadrille, les dames en dehors; on se quitte les mains, salut et révérence. Les cavaliers donnent ensuite main droite à main droite de leur dame, élèvent le bras, font tourner leur dame en dessous en exécutant eux-mêmes un demi-tour qui les ramène à leur place. Le tout finit par un salut et une dernière révérence.

LA GAVOTTE

La Gavotte est une sorte de danse gaie qui paraît remonter au xvie siècle ; elle est originaire de Gap dont les habitants se nomment Gaveaux, c'est une sorte de bourrée vive et légère ; elle est composée de trois pas et d'un pas assemblé ; la musique est à deux temps et se coupe en deux reprises, dont chacune commence avec le second temps et finit sur le premier. Le mouvement de cette danse est gracieux, souvent gai et quelquefois aussi tendre et lent. Elle marque ses phrases et ses repos de deux en deux temps. Les Gavottes de Gluck et de Grétry sont célèbres.

Les anciennes Gavottes étaient un ensemble de plusieurs branles doubles choisis par les danseurs, dont ils faisaient un tout, une suite. Elles se dansaient sur une mesure à deux temps avec plusieurs petits sauts. En ces danses, on se tenait en rond ou en ligne ; on s'embrassait et on donnait des fleurs ou le bouquet.

Au xviie siècle, cette danse perdit son caractère gai et devint quelque peu guindée et prétentieuse, ce qui la rapprocha du menuet. Reléguée au théâtre, cette danse fut remise à la mode par Marie-Antoinette, et sa vogue persista même pendant la Révolution, pour tomber dans l'oubli à partir du premier Empire. Il a fallu ce renouveau en faveur des choses du xviiie siècle pour la voir revivre aujourd'hui dans quelques salons, où on lui a donné une allure moderne qui se concilie mieux avec nos usages.

TABLE

—

Figures expliquées du Cotillon

Les vieilles Danses françaises

Imp. du *Petit Troyen*. — G. ARBOUIN, 125, rue Thiers, Troyes

AMOURS
DE
PRINCE

PAR

G. DUJARRIC & B. GUYOT

Forme 2 Volumes de la Collection A.-L. GUYOT

Chaque Volume : **20** Centimes

EN VENTE

Chez tous les Libraires et Marchands de Journaux
dans les Kiosques, Gares, etc.

*Envoi franco d'un volume par la poste,
contre 30 centimes adressés à M. A.-L. Guyot,
12, rue Paul Lelong, Paris.*

13   𝐑   13

c.

UYOT

rnaux

póste,
UYOT,

13